TEORIAS EXISTENCIAIS - FENOMENOLÓGICAS

O MOVIMENTO HUMANISTA EM PSICOLOGIA E A TERAPIA CENTRADA NA PESSOA – TCP, DE CARL R. ROGERS

Augusto José C. B. do Prado Fiedler

TEORIAS EXISTENCIAIS - FENOMENOLÓGICAS

O MOVIMENTO HUMANISTA EM PSICOLOGIA E A TERAPIA CENTRADA NA PESSOA – TCP, DE CARL R. ROGERS

5ª Edição

EDICON

CIP-BRASIL. CATALOGAÇÃO NA PUBLICAÇÃO
SINDICATO NACIONAL DOS EDITORES DE LIVROS, RJ

F475t

Fiedler, Augusto José C. B. do Prado

Teorias Existenciais - Fenomenológicas: o movimento humanista em psicologia e a Terapia Centrada na Pessoa - TCP, de Carl R. Rogers / Augusto José C. B. do Prado Fiedler.

– 5. ed. – São Paulo: EDICON, 2020.

192 p. ; 21 cm

ISBN 978-85-290-0903-2

1. Psicoterapia. 2. Teoria do autoconhecimento. 3. Ludoterapia. 4. Aconselhamento.

I. Título.

13-02667 CDD: 613
CDU: 613

Contato com o autor:
augustofiedler@outlook.com
afiedler@prof.ung.br

EDICON
Editora e Consultoria Ltda
(11) 3255 1002 • 3255 9822
Rua Gama Cerqueira, 87 Cambuci
CEP 01539-010 São Paulo/SP
www.edicon.com.br
contato@edicon.com.br

Para
Lívia Cristina
Maria Luiza
Marina
João Pedro

Célia,
companheira
de todas as jornadas...

Sumário

Sê fiel a ti mesmo; fiel aos outros...
Que o amor seja o veículo de teus esforços
E tua vida perene atividade.

Goethe

APRESENTAÇÃO

O presente trabalho é resultado, principalmente, da vivência em sala de aula nas disciplinas de Teorias e Técnicas Psicoterápicas e Teorias Existenciais - Fenomenológicas, das palestras sobre Relações Humanas, dos atendimentos em aconselhamento psicológico nos Programas de Atendimentos aos Alunos, Professores e Funcionários da Universidade Guarulhos e do exercício da psicoterapia.

Essa experiência de levar aos alunos o conhecimento das abordagens psicológicas - chamadas humanistas - esclarece as delimitações do texto. Dessa forma, enfatizamos as ideias filosóficas que deram sustentação aos trabalhos de Maslow e Rogers. Pensamos, sobretudo, em oferecer subsídios para uma compreensão mais profunda da natureza humana, da dinâmica de sua personalidade, bem como, da metodologia adequada - fenomenológica - para chegarmos a esse entendimento.

Procuramos, assim, para alcançar tais objetivos, expor de forma simples e acessível os conteúdos propostos, de modo a levar as pessoas interessadas - estudantes e profissionais - a refletir sobre os temas essenciais dessas abordagens psicológicas, em particular, da Terapia Centrada na Pessoa, TCP, de C. R. Rogers.

Isso explica, portanto, a destinação desse livro aos estudantes universitários, assim como, aos profissionais que lidam, em seu trabalho cotidiano, com pessoas nas mais diversas profissões: Professores, Psicólogos, Assistentes Sociais, Psicopedagogos, Fonoaudiólogos, entre outros e, também, a todos os interessados nas questões existenciais e humanísticas de nosso tempo.

Além disso, almejamos oferecer subsídios teóricos e práticos a quem quer que pretenda estabelecer estratégias que envolvam relações humanas com grupos de pessoas, nas empresas, nas escolas, nos hospitais, nas organizações religiosas, nas comunidades terapêuticas, nos projetos sociais, entre outros. Nesse sentido, discutimos aspectos relevantes sobre Grupos de Encontro, Ludoterapia e Aconselhamento Psicológico.

Esperamos, finalmente, que todos aqueles que têm interesse no conhecimento dos fundamentos do humanismo, como concepção filosófica e dos pressupostos básicos que dão sustentação teórica às abordagens existenciais-fenomenológicas em Psicologia, encontrem no presente texto um estímulo à reflexão, à crítica construtiva e, principalmente, à formação de atitudes humanistas na compreensão de si mesmos e do mundo.

1

A evolução do pensamento humanista

Historicamente as ideias do Humanismo evoluíram desde a Idade Renascentista, no século XVI, como antítese aos anacrônicos valores medievais. Paulatinamente, a concepção de Homem e do mundo evoluiu do teocentrismo medieval: Deus é o centro do universo e tudo ocorre por Sua vontade, para o antropocentrismo renascentista: o Homem é o centro dos acontecimentos, que ocorrem não *graças a Deus*, mas graças à determinação humana para atuar e modificar a realidade, de forma livre e responsável, despojado, portanto, do cômodo papel de agente passivo frente ao mundo.

Nasce assim, na Renascença, o Humanismo. Tal movimento propõe uma concepção da vida e do mundo, em que o ser humano, sem negar a Deus como Criador do universo, se coloca no lugar de autor de sua história, consciente de sua dignidade e vocação de liberdade para escolher e construir seu destino.

Na Renascença humanista desenvolveu-se a consciência de que o Homem não é um simples espectador do universo, mas sim, um ser que pode transformá-lo, recriá-lo, no sentido de seu aperfeiçoamento, progresso e realização.

A característica da dignidade do homem resume-se no, fato de que – enquanto todos os outros seres têm uma natureza determinada, que especifica, condiciona e limita a sua atividade – o homem é a única criatura que é liberta de natureza determinante. Ele é que cria a sua natureza. Ele é autor, projeto de si mesmo. (NOGARE, 1997, P. 70)

Algumas definições, vistas nos dicionários, podem elucidar o significado do Humanismo:

AURÉLIO: ... doutrinas que afirmam ser o Homem o criador dos valores morais, que se definem a partir das exigências concretas, psicológicas, históricas, econômicas e sociais que condicionam a vida humana...(FERREIRA, 1975, p. 735)

ABBAGNANO: ... (O Humanismo é) o reconhecimento do valor Homem em sua totalidade, e a tentativa de compreendê-lo em seu mundo, que é o da natureza e o da história.

E, em seguida :

... é toda a filosofia que faça do homem, de acordo com a antiga sentença de Protágoras,"a medida das coisas"... (ABBAGNANO,1970, p. 494)

Reunindo, em síntese, o pensamento de autores como Tomás de Aquino, E. Kant, K. Marx, M. Scheler, etc, Nogare acrescenta:

Parece-nos que a perspectiva mais geralmente aceita... e mais realista considera humanista aquela doutrina que atribui ao homem, à sua realização na sociedade e na história, o valor de fim, de forma tal que tudo esteja subordinado ao homem, considerado individual e socialmente, e que o homem nunca seja considerado como meio ou instrumento para algo fora de si. (NOGARE,1977, p.14)

Essa concepção ética do Humanismo significa colocar o ser humano como centro do universo de valores morais, sociais, culturais, econômicos, religiosos, entre outros; como ponto referencial importante em todas as escolhas e decisões que haverão de ser tomadas em relação à quaisquer aspectos da vida cotidiana. Significa que prioridade maior será sempre dada ao ser humano e seu ambiente vital: nessa perspectiva holística serão consideradas todas as manifestações de vida na natureza. O progresso material e econômico, científico e tecnológico, nas artes e na fé, estarão sempre subordinados ao valor maior, ou seja, o bem estar do ser humano, sua plena realização e felicidade.

Contudo, esse Humanismo filosófico apenas se consubstanciará em realidade existencial, concreta e vivencial, quando as relações humanas se afirmarem nos princípios humanistas de respeito à liberdade e à dignidade da pessoa, de responsabilidade e compromisso pelo outro, de desvelo e cuidado nos relacionamentos pessoais e na aceitação do próximo em sua essência mais humana, acima de quaisquer discriminações e preconceitos, em sua diversidade cultural, social, político, religiosa, racial.

Tais características da conduta humanista podem se traduzir na forma de amor psicologicamente adulto, maturo, denominado *amor produtivo*, e que se sintetiza na expressão:

> *Se posso dizer a outrem: "Eu te amo", devo ser capaz de dizer: "Amo em ti a todos, através de ti, amo o mundo, amo-me a mim mesmo em ti." (FROMM, 1966, p. 56)*

A urgência de mudança do modelo ético predominante em nossos dias - materialista e autoritário, para um modelo humanista (FROMM, 1983), se acentua em função de vários fatores, principalmente, aqueles que se referem ao enorme desenvolvimento científico, e tecnológico, bem como, o desvairado progresso material alcançado pelo ser humano nas últimas décadas. Esses fatos trouxeram junto, ironicamente, os sentimentos de ufanismo e onipotência que têm caracterizado a cultura contemporânea, pelo menos, aquela do mundo mais privilegiado economicamente.

Enquanto mergulhou no conhecimento material, fora de si próprio, paradoxalmente, o Homem empobreceu na busca de sua identidade humana. O deslumbrante cenário do progresso material ofuscou a visão de sua dimensão mais humana e fez com que perdesse o sentido de sua identidade e da própria qualidade de vida. O homem contemporâneo, senhor da natureza, tornou-se escravo de sua tresloucada civilização.

É preciso, portanto, reafirmar a fé no Humanismo. É preciso criar uma concepção que leve à reverência pela vida. E a primeira consciência disso, se manifesta no incondicional respeito à vida. É daí que nasce a verdadeira moral, base de todo movimento de transformação do mundo. Essa reverência pela vida irá fornecer um parâmetro ético para que se estabeleça uma justa classificação de valores, onde o bem é a conservação e a promoção da vida, e o mal, sua opressão e destruição. Somos, portanto chamados a viver. Esta deve ser a nossa vocação fundamental: a vocação Humanista.

2

Racionalismo, Empirismo e Positivismo

No mundo das ciências, das tecnologias, das artes e da literatura que ofereceram sustentação ao progresso material e intelectual dos povos a partir do século XVIII, até o início do século XX, encontramos três fundamentos filosóficos que tiveram uma influência muito acentuada. São eles: o Racionalismo, o Empirismo e o Positivismo.

RACIONALISMO, de R. Descartes (1596-1650), B. Spinoza (1632-1677), G. Leibniz (1646 - 1716). Esta doutrina propõe que a única fonte do conhecimento humano é a razão, substimando, assim, o conhecimento sensorial, ou seja, as sensações e os sentimentos. Estes, por sua vez, são considerados tão somente ideias difusas, sem consistência lógica. Outrossim, Descartes afirmou o teor inato das ideias humanas: inatismo, acrescentando que as mesmas são independentes da experiência.

A exclusiva confiança na razão humana, com seus princípios lógicos fundamentais e inatos, é o único instrumento capaz de conhecer a verdade.

A máxima *penso, logo existo* traduz o pensamento racionalista e confirma a dedução lógica como método superior de investigação filosófica. Há uma menor ênfase em relação à fé e à arte como fontes importantes para a construção do conhecimento.

> *O racionalismo epistemológico não satisfaz à totalidade do conhecimento humano, porque o restringe indevidamente, sob dois aspectos: em primeiro lugar, não reconhece a substantividade do conhecimento sensorial e, consequentemente, faz que o conhecimento degenere em formalismo oco, com o que se prende a falta de compreensão histórica frequentemente notada no racionalismo. (BRUGGER, 1969, p. 347)*

EMPIRISMO, de J. Locke (1632-1704), T. Hobbes (1588-1679), F. Bacon (1561-1626).

O Empirismo coloca a fonte única do conhecimento na experiência, auxiliada pela sensação e pela reflexão, ou seja, toda evidência científica depende da comprovação feita pelos sentidos. A máxima empirista é: *nada vem à mente sem ter passado pelos sentidos*. Tal doutrina estabelece dois axiomas básicos: *Só a experiência garante o conhecimento verdadeiro*. E *Todo conhecimento proveniente da experiência é verdadeiro* (BRUGGER, 1969, p. 149).

A partir dessas premissas o empirismo propõe o método indutivo como o mais aceito nas ciências.

Tal posição filosófica não resiste a uma análise mais rigorosa das questões epistemológicas quanto à construção do conhecimento e sua metodologia de base formal ou dedutiva. Além disso (BRUGGER,1969), acrescenta:

> *A rejeição da metafísica como conhecimento que transcende a experiência desconhece que a própria experiência é condicionada por princípios transempíricos, de sorte que em todo verdadeiro conhecimento ela é implicitamente ultrapassada. (p. 150)*

POSITIVISMO, de A. Comte (1798-1857)

O Positivismo como abordagem filosófica predominante na segunda metade do século XIX e início do século XX é sem dúvida, uma derivação, digamos assim, do Empirismo.

Tal doutrina, fundada na extrema valorização do método científico das ciências positivas e na ideia de que não pode haver qualquer conhecimento senão aquele baseado em fatos observáveis, propõe que só é compreensível e possui sentido real aquilo que pode comprovar-se pela experiência objetiva. Sendo assim, as questões metafísicas e as dos valores humanos não têm qualquer sentido científico. É a negação de toda a subjetividade, intuição e instropecção e a absoluta afirmação do culto à ciência e ao método científico.

O Positivismo, doutrina muito influente no plano prático até nossos dias, deposita grande destaque nos benefícios do processo de industrialização, iniciado no século XIX, bem como, em relação ao, então, progresso capitalista, guiado pela técnica e pela ciência. Uma reforma completa da sociedade preconiza restabelecer a ordem na sociedade capitalista industrial, com vistas a alcançar o progresso; daí o lema positivista: *ordem e progresso*.

Tais fundamentações teóricas foram responsáveis pelo surgimento de abordagens filosóficas, sociológicas, psicológicas, entre outras, tais como o evolucionismo, de Darwin, o marxismo e o keynianismo, da Economia, a reflexologia e o behaviorismo, da Psicologia, etc.

Entretanto, como resultado do processo dialético responsável pelo progresso e aperfeiçoamento das ideias e da filosofia, surgiram, no final do século XIX, até meados do século XX, os movimentos de antítese àqueles do Racionalismo, do Empirismo e do Positivismo. Tais movimentos filosóficos acrescentaram um grande destaque às ideias do Humanismo: o Existencialismo e a Fenomenologia.

Importantes autores se destacaram nos movimentos Existenciais e Fenomenológicos da Filosofia. Todos eles deixaram marcas significativas e perenes de sua contribuição frente à concepção de homem e de visão de mundo, e mergulharam fundo no universo ontológico dos maiores temas existenciais, tais como: a liberdade de ser, o sentido de dignidade humana, a individualidade e a transcendência do homem, seu compromisso com o outro, seu papel como autor e senhor da própria história, e muitos outros. Todos esses preceitos filosóficos analisados e entendidos sob a perspectiva fenomenológica de apreensão do conhecimento.

Destacaremos a seguir, os principais expoentes do Existencialismo e da Fenomenologia, acompanhada de uma sucinta explanação de suas ideias, naqueles aspectos em que elas mais influenciaram na formação dos pressupostos que ofereceram as bases filosóficas da Psicologia Humanista.

3

O Existencialismo

É uma das correntes filosóficas mais significativas do pensamento contemporâneo.

Sua maior preocupação é com o ser humano, enquanto *existente*, vivo, e a consequente valorização desse *existir*, desse viver. Tal movimento propõe levar o ser humano a apreender o significado de sua existência concreta, vivencial, de forma a conduzi-lo à plenitude existencial, mediante o exercício da liberdade responsável e da livre escolha. A seguir, alguns autores do Existencialismo:

SÖREN A. KIERKEGAARD (1813–1855)

O autor é considerado o precursor da filosofia existencial. Seu pensamento resulta de uma profunda e angustiante conscientização de sua existência pessoal e histórica. Suas ideias se baseiam em que não há qualquer pré-determinação em relação à existência humana e que tal fato põe o Homem diante da opção de ter que escolher livremente e construir seu próprio destino. Para Kierkegaard, o livre arbítrio, o ato de escolher, constitui um dos referenciais mais significativos de sua filosofia, assim como, o núcleo mais íntimo da existência humana.

Dessa forma, nenhuma escolha se faz sem risco, o que leva o ser humano a experimentar um forte sentimento de angústia, como uma mola que impulsiona suas próprias escolhas. Existir, portanto, é escolher. E esta escolha não é conduzida pela lógica do raciocínio, mas antes, pelo desejo e pela vontade daquilo que o Homem quer e aspira ser.

Em suma, Kierkegaard ressalta a importância de proteger o sentido de dignidade do ser humano contra as ameaças da impessoalidade e da manipulação feitas, muitas vezes, pela ciência formal e a consequente redução do Homem a um mero objeto. Além de reforçar a convicção acerca do valor único do ser humano, alertou sobre os perigos da inversão de valores humanistas que se agravava na sociedade moderna.

Diante da questão dos valores humanos, MARTINS (1983) enfatiza que é por meio do exercício da subjetividade que o homem revela seu conteúdo ético no sentido de dar significado à questão da existência humana na forma da consciência de si mesmo. Sobre a ideia de existência, o autor acrescenta:

> *O termo existência aparece na obra de Kierkegaard como os limites que se estabelecem entre um modo superior de Ser e os modos simples de "vida"ou do "viver cotidiano". Existir é tornar-se "consciente" de si mesmo, é dar feição nova à vida, é um meio de se chegar às escolhas e aos compromissos que devem ser assumidos. As escolhas que devem ser feitas envolvem o ser total do homem (a sua razão, suas emoções, sua imaginação) que determina que o Ser passe a desejar as coisas como uma totalidade unitária. Assim sendo, não há aspectos do ser humano, como a razão, que sejam superiores aos outros. As ações do Ser têm raízes profundas na essência humana, estando ligadas às preocupações e aos sentimentos. Na ideia de existência o pensamento não assume uma instância*

superior à imaginação, pois ambos estão presentes e atuam em conjunto. (MARTINS, 1983, p. 22-23, *apud* MARTINS E BICUDO, 1983)

FRIEDRICH NIETZSCHE (1844–1900)

O autor propõe a ideia de uma afirmação integral e profunda da existência e defende que há no ser humano uma intensa vontade de alcançar a plenitude de seu desenvolvimento potencial, de sua potência. E essa potência - esse poder - diz respeito à vontade que produz e inventa a própria vida.

A capacidade do Homem para usar plenamente seus poderes é a sua potência; a incapacidade, sua impotência. Trata-se, portanto, do uso do *poder de* e não do *poder sobre*. É o poder de usar sua inteligência, sua criatividade, sua emotividade, sua imaginação e não o poder de domínio sobre as pessoas.

O poder sobre - a dominação - está relacionado com a destrutividade, enquanto, o poder de - a potência - diz respeito à manifestação da vida, da construtividade.

Essa vontade de poder ou de potência, segundo Nietzsche é como um impulso inerente a todo ser humano; é uma força que cria e recria a vida e o mundo; é o poder de ação e afirmação máxima da existência.

A grande ameaça a essa *vontade positiva* é o niilismo, ou seja, a *vontade de nada* ou o *nada de vontade*, que segundo ele, caracterizava o mundo moderno que ele conheceu e que não está longe de caracterizar o mundo contemporâneo. O niilismo é a patologia que nasce da impotência e da fraqueza diante da vida. Para o autor, os homens fortes, não são necessariamente os ricos e poderosos, mas, aqueles que afirmam e reverenciam a vida e que são capazes de respeitá-la e aceitá-la tal como ela é, no que tem de melhor e de pior.

O niilismo leva à banalização do valor da própria vida, uma vez que perdendo seu valor maior, não tem mais valor, não tem importância, não significa mais nada. Para Nietzsche é preciso, com urgência, recuperar o sentido da existência, entender que a plenitude está na força e no poder de ação e criação e não nas *ilusões e quimeras delirantes.*

MARTIN HEIDEGGER (1889–1976)

Foi um dos precursores na utilização do método fenomenológico na análise existencial. A atenção de sua obra foi dirigida, principalmente, em relação à questão do SER - o ser do sujeito existente, que ele denominou de DASEIN, ou seja, o ser-aí, no sentido do ente (o que existe por si) e que está aberto ao SER - o *homem*. Nesse sentido, podemos dizer que o ente é SER quando é existência.

Esse aspecto expressa algo de imediato e inevitável, como principal característica da condição existencial. É atual no mundo e surge como fenômeno, ou seja, como algo que se mostra a si mesmo. Dessa forma o homem - o Dasein - é o lugar, a clareira, o espaço desvelado do SER. A essência do Homem é, portanto, o ser que existe, que se conscientiza de sua existência e o torna distinto dos demais seres.

Para Heidegger o homem é o ser que está presente no mundo - DASEIN - e que vive sua existência na e por meio de sua relação com o mundo: projetos pessoais, relacionamentos e papéis sociais.

> *Se, no entanto, por humanismo em sentido geral, se entende o esforço tendente a tornar o homem livre para a sua humanidade e a levá-lo a encontrar nessa liberdade sua dignidade, então o humanismo se diferenciará segundo a concepção de "liberdade" e de "natureza" do homem. Do mesmo modo, serão diferentes as vias de sua realização.* (HEIDEGGER, 1967, p. 36)

Um aspecto importante na obra do autor refere-se ao conceito de autenticidade: a vida autêntica é para ele aquela que se baseia na apreciação profunda e essencial da condição humana, isto é, o homem autêntico é a pessoa que foi iluminada pelo SER e se tornou seu pastor, assim como em suas palavras: *o homem é o pastor do SER*.

Outro tema relevante de suas ideias refere-se à questão da finitude do homem - a morte. Para Heidegger a consciência da morte intensifica o caráter existencial da experiência e age como fator importante na revelação da própria individualidade do homem. Segundo o autor, a morte é a única coisa que ninguém pode fazer no lugar de um indivíduo; só a pessoa que está sozinha diante do enfrentamento da morte é que experimenta de fato a consciência de sua individualidade.

A angústia de se ver diante da própria finitude leva o homem corajosamente a adotar uma postura de aceitar a realidade como ela se apresenta. Essa atitude afasta a dor, o medo e o desespero diante do inevitável e faz o homem confirmar a magnitude de sua existência, aqui e agora, afastando assim, o desejo de imortalidade pessoal e de onipotência. A morte faz parte da vida - é um fenômeno existencial - e, dessa forma, o homem não deverá temê-la quando tiver a consciência de uma vida autenticamente vivida em sua essência e plenitude.

Heidegger, entretanto, anexou esse tema a seu sistema de ideias. Para ele, a decisão resoluta de assumir a finitude não apenas alivia o terror original que a perspectiva da morte inspira; serve também como ato de encerramento de nossa vida e sua constituição numa espécie de totalidade, modificando, assim, a profunda brecha em nosso ser, causada pela necessidade ontológica de perpétua autotranscendência. Assumindo a morte, interiorizamo-la como nossa possibilidade última, como o elemento final de todos os atos de autotranscendência. Na morte, somos a totalidade que não pudemos ser em vida; mas mesmo em vida, podemos, em certo sentido, antecipar-nos a nós mesmos em direção à morte e, assumindo assim a morte, adotar um ponto de vista sobre nós como totalidade. (OLSON, 1970, p. 228)

Finalmente, a filosofia existencial de Heidegger conjuga-se com a fenomenologia: *a essência do SER não é consciência quiescente supratemporal, mas historicidade e tempo.* (BRUGGER, 1969, p. 191)

JEAN-PAUL SARTRE (1905–1980)

Sartre pode ser considerado um dos mais proeminentes filósofos existencialistas da primeira metade do século XX. Suas discussões giram em torno de uma pluralidade de muito grande de temas relativos à natureza humana e as condições que envolvem o homem e suas conquistas existenciais. E é sobre esse foco que tem origem sua teoria da liberdade, da autencidade e da responsabilidade.

Para o autor é a consciência que distingue efetivamente o homem de outros seres. É a consciência de sua inerente vocação para a liberdade que o leva a escolher aquilo que quer ser e, assim, realizar sua essência humana. Portanto, o homem é aquilo que ele faz de si mesmo, aquilo que ele projeta ser e que não existe aprioristicamente, antes desse projeto. Fazer-se humano é o grande desafio e a árdua conquista de cada homem. A célebre frase de Sartre: *a existência precede a essência*, esclarece que o homem não é resultado cego de um determinismo biológico/instintivo ou histórico; sua vida não é predeterminada. Ele é o autor e construtor de sua existência.

Essa reflexão confirma o humanismo como algo inerente ao existencialismo, conforme revelado pelo título de uma das mais famosas obras de Sartre: *O existencialismo é um humanismo* (SARTRE, 1946)

Entretanto, a liberdade de escolha - o livre arbítrio - somente se afirma com uma atitude responsável do ser humano pelos resultados de suas escolhas, ou seja, o engajamento e a responsabilidade são os valores mais fundamentais de sua existência.

O homem não escolhe a família onde nasce, nem tampouco, a cultura em que está inserido e as várias situações em que a vida o coloca. Entretanto, dentro desses limites impostos pelas circunstâncias, o homem pode usar seu vasto potencial humano de capacidades e aptidões pessoais para escolher o que quer para si. Ser humano é estar em contínua situação de escolha, de correr riscos, de aventurar-se e de assumir compromissos e, de sofrer as consequências das escolhas feitas. Sem riscos não há opções relevantes para ser e sem elas não há liberdade.

Ao propor que a maior vocação do ser humano é a de ser livre, ou seja, a liberdade, FROMM (1983) sugere que o homem tem medo de exercê-la. O medo à liberdade e de assumir a responsabilidade pessoal por suas escolhas, leva o homem a abdicar de ser livre, a acomodar-se diante de novos riscos, a assumir posturas de passividade e submissão diante de autoridades externas a ele, como as ideologias políticas e religiosas, o Estado, os preconceitos de toda ordem e, até mesmo, ser manipulado em sua liberdade e dignidade por outras pessoas. Aliena sua liberdade em troca de benesses materiais, conforto excessivo, status e prestígio superficiais.

Para Sartre, o *homem está condenado a ser livre*, isto é, a escolher com ou sem razão, ou antes de qualquer razão e a decidir livremente por sua vida.

O ato de assumir a responsabilidade revela o homem autêntico, visto que, a autencidade e a responsabilidade moral se confundem no reconhecimento de sua efetiva necessidade de ser livre.

> *Só o homem autêntico ou moralmente responsável reconhece seu passado pelo que este é, e assume a responsabilidade por ele, reconhecendo ao mesmo tempo que seu futuro é livre e que a cada momento ele é convidado a transcender seu passado e se renovar, pois também o futuro é seu. (OLSON, 1970, p. 169)*

MARTIN BUBER (1878 – 1965)

A contribuição de Buber foi muito importante em relação ao conhecimento do homem e da sociedade contemporânea. Suas ideias não se apresentaram sob a forma de uma doutrina filosófica formal ou de uma estrutura conceitual. Sua maior preocupação foi escrever sobre a experiência das relações humanas cotidianas e comuns, no sentido de levar as pessoas a aprender como vivenciar os conflitos daí decorrentes por meio das possibilidades do diálogo.

Segundo o autor, o homem se define como um ser de relações. Na perspectiva de uma existência inter-humana dialógica, o diálogo foi considerado na obra de Buber como

> *o elemento propulsor e catalizador de toda a sua concepção de homem, de sociedade, de política, educação, religião, terapia, etc (VON ZUBEN, 2008, p.2).*

A posição de Buber à propósito do diálogo não pode ser explicada como simples processo psicológico ou meio de comunicação. O autor situa a análise do princípio dialógico no âmbito existencial mais amplo. A condição para um diálogo verdadeiro é que as pessoas envolvidas na relação inter-humana sejam de fato autênticas.

Numa análise do sentido da existência dialógica, Von Zuben aponta três principais problemas para a realização do diálogo, do inter-humano, segundo Buber:

> *O primeiro é a dualidade de ser e parecer. O diálogo não acontece se aqueles que estão envolvidos nele são simples, "aparência", isto é, se estão preocupados com sua imagem, com o modo pelo qual desejam encontrar o outro. Os parceiros do diálogo devem "ser", vale dizer, apresentar-se, sem reservas, como realmente são.*
>
> *O segundo problema diz respeito ao modo pelo qual percebemos os outros. Para Buber perceber o outro é tomar dele um conhecimento íntimo, diferente da observação analítica e redutora que transforma o outro em simples objeto. Tal percepção, tal conhecimento íntimo significa também para Buber "tornar o outro presente".*
>
> *O terceiro problema que dificulta a realização do diálogo é a tendência de "imposição", à qual Buber contrapõe a "abertura"... Para Buber exemplo de imposição é a propaganda e, de abertura, a educação. (VON ZUBEN, 2008, p. 5)*

O conjunto de suas reflexões sobre o diálogo sugere uma nova concepção de vida comunitária, caracterizada por uma autêntica experiência de vida em comum.

Para Buber, o homem é um ser de relações e as múltiplas relações de que é capaz se resumem em dois aspectos: EU–TU e EU–ISSO. Na relação EU–TU o homem se relaciona com o outro não por meio de sua representação ou papel social, que acobertaria a autêntica singularidade enquanto ser humano. Na relação EU–TU todo o ser está presente, em sua totalidade intrapessoal e afetiva.

Na relação EU–TU a palavra é o elemento mais significativo. Palavra que aponta a proximidade, que acena ao outro, numa saudação. É a palavra que possibilita a intimidade, que revela a relação amorosa, de cuidado e generosidade. Essa relação genuína EU–TU preserva a dignidade e a individualidade das pessoas envolvidas na relação.

> *Para el hombre el mundo tiene dos aspectos, en conformidad con su propia doble actitud ante él.*
>
> *La actitud del hombre es doble en conformidad con la dualidad de las palabras fundamentales que pronuncia.*
>
> *Las palabras fundamentales del lenguaje no son vocablos aislados, sino pares de vocablos.*
>
> *Una de estas palabras primordiales es el par de vocablos Yo-Tú.*
>
> *La otra palabra primordial es el par Yo-Ello, en el que Él o Ella pueden reemplazar a Ello.*
>
> *De ahí que también el Yo del hombre sea doble.*
>
> *Pues el Yo de la palabra primordial Yo-Tú es distinto del Yo de la palabra primordial Yo-Ello.*
>
> *Las palabras primordiales no significan cosas, sino que indican relaciones.*

Las palabras primordiales no expresan algo que pudiera existir independientemente de ellas, sino que, una vez dichas, dan lugar a la existencia.

Essas palabras primordiales son pronunciadas desde el Ser. (BUBER, 1969, p. 9)

Em contrapartida, a relação EU–ISSO contraria a transparência da relação, nega a sua intimidade, impede o envolvimento empático. Ao invés de uma relação inter-humana, ocorre a relação com o outro enquanto objeto de manipulação, de dominação, ou mesmo, de repressão e violência. A relação EU–ISSO é inautêntica, conflitiva e improdutiva sob muitos aspectos.

A obra de Buber é um contínuo chamamento ao entendimento entre os homens, baseado nas relações de justiça, de liberdade e respeito mútuo, tanto a nível individual, quanto social e político. Nesse sentido podemos dizer que Buber foi um utópico. VON ZUBEN (2008, p. 10) afirma que *mais que utopista, Buber é mensageiro, aquele cuja tarefa é indicar a direção. A cada um cabe descobrir e traçar seu caminho numa tarefa que mobilize as potencialidades de sua alma.*

EMMANUEL MOUNIER (1905–1950)

A grande contribuição de Mounier à reflexão filosófica foi no sentido de afirmar que cabe à Filosofia não apenas analisar e interpretar o mundo, mas, transformá-lo. É assim uma postura de ação e de engajamento.

Sua atenção maior foi com a pessoa humana. Denominou Personalismo, todo o arcabouço de ideias e projetos de ação em defesa da dignidade da pessoa e do seu bem-estar na sociedade. O pensamento filosófico de Mounier ficou acima das questões conceituais no sentido estrito da filosofia, acima do método, para oferecer uma referência consistente à respeito de temas existenciais como: liberdade, responsabilidade individual e social, transcendência e interioridade.

Mounier deu à palavra *personalismo* o significado de que o *universo da pessoa constitue o universo do homem*. Nesse sentido, podemos compreender a relação do Personalismo de Mounier com o Existencialismo. O autor afirma que a pessoa humana possui um caráter único e singular, uma dignidade inquestionável e uma transcendência que supera o materialismo, o autoritarismo e o coletivismo.

> *Uma Pessoa é um ser espiritual constituído como tal por um modo de subsistência e de independência no seu ser; ela alimenta essa subsistência por uma adesão a uma hierarquia de valores livremente adotados, assimilados e vividos por uma tomada de posição responsável e uma constante conversão; deste modo unifica ela toda a sua atividade na liberdade e desenvolve, por acréscimo, mediante atos criadores, a singularidade da sua vocação. (MOUNIER, 1967, p. 84)*

A dignidade do homem é ser pessoa. Sua característica principal não é a racionalidade ou o uso da razão, sobretudo, mas a sua capacidade para amar, para valorizar, para escolher e agir. No sentido de sua autorrealização, a pessoa está relacionada dialogicamente com outras pessoas, sempre orientada em direção ao seu aperfeiçoamento e integração.

Ser pessoa é, fundamentalmente, ser livre e, por isso, responsável por seu próprio destino. Como tal é, pois, o ser humano um centro de direitos inalienáveis, intocáveis. Isso, que constitui sua grandeza, estabelece, também, o sentido de suas responsabilidades. A pessoa, esse mundo em si, é regido pela lei do amor. É um mundo que constantemente se abre para tudo e para todos, não podendo assim homem algum se realizar senão em constante e progressiva comunhão com o mundo e com seus semelhantes. (MOUNIER, 1946)

Mounier, em sua concepção da existência humana, postula a ação revolucionária - de efetiva transformação -, a conversão pessoal, a fidelidade consigo e com o mundo, o diálogo, o engajamento responsável, como exigência para romper o condicionamento que escraviza o homem historicamente.

A consciência de dignidade e de valor da pessoa garantirá sua integridade, sempre que estiver sob a ameaça de ser vítima do poder autoritário, seja do Estado, do Capital ou de determinada organização religiosa secular e dogmática, ou ainda, de classe social.

Enfim, o Personalismo propõe unir pensamento, reflexão e ação. O homem na concepção de Mounier vive no presente, pensando no futuro. É um utópico, mas realista. Esforça-se sempre por viver autenticamente o humanismo, num processo de vir-a-ser, sempre engajado, orientando para a ação transformadora de um mundo melhor.

> *O Personalismo é, antes de mais nada e explicitamente, uma filosofia da ação. Do ponto de vista psicológico e histórico, Mounier é levado a falar da ação em vista da sua pedagogia política e do seu projeto civilizador. Mas, à medida que buscava uma fundamentação metafísica para seu pensamento, passou a buscar também as implicações antropológicas que*

justificassem as exigências da ação. A partir de então, o engajamento da pessoa passou a ser considerado como a tomada de posição da pessoa em relação aos elementos de sua situação. E é a própria condição ontológica da pessoa uma transcendência imersa numa imanência, é sua própria condição estrutural, essencialmente dinâmica, que dará ao agir humano seu caráter intencional. O agir é, com efeito, a própria via da personalização. Será pela ação que a pessoa manifestará seu ser e criá-lo-á, enriquecendo-o na temporalidade de sua existência... A ação humana traz em si a marca do ser da pessoa. (SEVERINO, 1974, p. 140)

4

A Fenomenologia

EDMUND HUSSERL (1859–1938)

Husserl foi o fundador do movimento filosófico denominado Fenomenologia que, de modo geral, tem como finalidade o estudo da consciência e dos objetos da consciência. É, também, o criador do método fenomenológico.

A grande questão que se apresentava para Husserl em relação à concepção de ser humano, traduzia-se no confronto entre a consciência individual e o mundo comum onde cada ser singular vive e onde todos vivem; enfatizava ele o caráter fundamental da experiência pessoal consciente.

A Fenomenologia, portanto, na obra do autor, significa deixar aparecer ou tornar evidente, tudo aquilo cuja natureza intrínseca consiste em aparecer, ou seja, deixar que se torne manifesto como de fato é. Nesse sentido, o ser humano é o único ente que pode afirmar, peremptoriamente: *Sou* e, por conseguinte, revelar-se um fenômeno por excelência. Assim, somente o método fenomenológico permitirá conhecer o ente tal como é e, também, o mundo, tal como é por ele concebido.

Em relação à percepção do mundo, Husserl, aponta em princípio duas formas de perceber a realidade: uma, por meio da apreensão intuitiva, ou seja, sensorialmente e, outra, por meio da reflexão que envolve processos mentais mais sofisticados, onde um conhecimento mais significativo oferecerá a oportunidade de conhecer a realidade de forma integrada: a apreensão através dos sentidos e aquela obtida por meio da reflexão; ambas se apresentarão à nossa consciência.

Consciência e realidade estão intimamente interligados, de forma que não haverá consciência sem o objeto da realidade e vice-versa; cabe citar aqui a conhecida expressão de Husserl: *O objeto é sempre objeto para a consciência*. O ser existente e o fenômeno não estão dissociados, isto é, sujeito e objeto têm um só sentido: o conhecimento e o acesso à consciência.

Essa referência ao objeto, enquanto fenômeno objetivo, expressa o pressuposto fundamental da Fenomenologia: a intencionalidade.

> *Os fenômenos objetivos só se tornam inteligíveis enquanto são apreendidos por uma consciência ao mesmo tempo em que a consciência só existe enquanto os apreende. Assim, a relação entre o ser e a consciência parece ser superada da mesma forma que a oposição entre realismo e idealismo (ERTHAL, 1990, p. 29)*

A intencionalidade é, portanto, a abertura do ser para o mundo, como uma identificação e intenção de sentido e direção: a consciência, assim, está sempre voltada para um processo de busca e descoberta da realidade que está disponível a ser apreendida por ela. A consciência será sempre consciência de alguma coisa. Entenda-se não só a intencionalidade em direção para o objeto, ou alguma coisa, mas também para outra consciência, ou seja, a consciência do outro. Nesse sentido, cada pessoa é sujeito e objeto em relação ao outro.

Um aspecto importante vinculado à intencionalidade é a intuição, que pode ser entendida como a capacidade do ser de apreender de forma clara e correta a verdade mais intrínseca do fenômeno, num processo que antecede a razão e a reflexão. A intuição é, assim, o resultado de conhecimentos sensíveis, criativos e imaginativos, mas sempre pré-reflexivos. A consciência de um objeto apreendido pela intuição, foi chamada por Husserl de *consciência transcendental*.

Husserl denomina *redução fenomenológica* o processo que implica em reduzir o conhecimento do fenômeno para uma pura experiência de conscientização, colocando à parte, afastando, ou como diz o autor: pondo *entre parênteses* todos os aspectos exteriores da experiência de apreensão consciente, tais como, os condicionamentos sócio-históricos-culturais e, assim, chegar-se ao fenômeno original em sua mais pura essência.

Nesse processo entre o ato de perceber - *noesis* e o que é percebido ou objeto da percepção - *noema*, o método fenomenológico propõe afastar em um dado momento, todas as influências externas da relação *noético-noemática* da intencionalidade e tão somente possibilitar que a experiência do ser seja realçada ao que é autenticamente manifestada em sua consciência. É essa consciência sem pressupostos que permite dar significado ao fenômeno de maneira completa, de forma imediata, antes mesmo de qualquer razão ou reflexão, apenas pela intuição enquanto apreensão livre da verdade. Dessa forma, a verdade não é a realidade que existe, mas sim, a forma como a percepção dessa realidade se dá e se realiza para cada pessoa.

Somente o sujeito realiza o ato de perceber e tornar consciente o mundo a ele disponível. Só ele é capaz de apreender o significado e a essência de seu conteúdo fenomenal. Essa apreensão é única, singular e individual.

Na relação *sujeito-objeto* ou *eu-mundo* restará a essência exclusiva do fenômeno, em sua total autenticidade. Alcançar a percepção dessa essência desconsidera quaisquer explicações ou relações de causalidade.

ALMEIDA (1988) reafirma a atitude fenomenológica quando escreve:

> *Do mundo que tenho diante de mim nada afirmo com ideias preconcebidas, nem com explicações psicológicas e científicas. Apenas interrogo, ouço, vejo percebo e sinto. Também me interrogo, me ouço, me vejo, me percebo e me sinto; diante das informações desse mundo que chegam a mim, entedio-me, alegro-me, emociono-me.*
>
> *Nesse momento desconheço o que aprendi, deixo de lado meus conhecimentos, evito a erudição. Entrego-me à intuição, que é individual, pessoal e, tanto quanto possível, deverá ser sempre criadora; permito-me à relação intersubjetiva; uso a intencionalidade para integrar-me nos universos que se abrem a minha participação naquele instante. Procuro um estado télico. (p. 30)*

A partir desse aspecto, a compreensão da experiência pelo método fenomenológico, ocorrerá sem a utilização de questionamentos causais, mas, tão somente, por meio da observação e informação; isentas, pura e simples, da experiência vivida subjetivamente; como o correlato às indagações de *o que* e *como* da experiência vivida e não ao seu *por que*.

MAURICE MERLEAU-PONTY (1908–1961)

Filósofo de profunda sensibilidade na perene busca da verdade e do significado existencial é, sem dúvida, um dos mais importantes discípulos de Husserl entre outros estudiosos do método fenomenológico.

MERLEAU-PONTY (apud FORGHIERI, 2004, p. 21) dá o entendimento da Fenomenologia como sendo o método filosófico que tem por finalidade a:

> *busca das essências na existência... para ela o mundo está sempre "aí", antes da reflexão, como uma presença inalienável e cujo esforço está em encntrar esse contato ingênuo com o mundo para lhe dar um status filosófico" (MERLEAU-PONTY, 1971, P. 5)...*

Esse contato ingênuo com o mundo refere-se primordialmente ao pensamento intuitivo, pré-reflexivo que transforma a apreensão lógica da experiência em genuínos sentimentos que se manifestam por meio das atitudes, dos gestos, do olhar, revelados de forma global.

FORGHIERI ressalta que para compreender a *expressão viva* de uma pessoa...

> *é necessário tentar captar, intuitivamente , a sua vida, conforme é por ela própria vivida; ou, em outras palavras, é preciso procurar penetrar no existir da pessoa, para descobrir, além das palavras e dos gestos, o sentido que se encontra contido na sua comunicação (2004, p. 34)*

Um dos objetivos importantes da Fenomenologia, para Merleau-Ponty, portanto, é permitir-nos viver intensamente o mundo antes de atribuir-lhe significado;

viver a nossa experiência como fluxo contínuo na relação com os outros, desvelando os inusitados caminhos que se descortinam, desbravando os mistérios do mundo, assumindo nossa vocação para a liberdade e engajamento.

FORGHIERI (2004) reafirma o princípio de que o trabalho do psicoterapeuta consiste em auxiliar a pessoa que busca ajuda psicológica, a descobrir as múltiplas possibilidades de sua existência. Dessa forma, acrescenta:

> *Nessa atuação, é de grande importância a presença genuína do terapeuta; por meio dela pode ser viabilizada a recuperação do envolvimento e da sintonia da pessoa com o mundo e consigo mesma. Afinal, desde o início de nossa vida aprendemos a vivê-la com alguém... alguém que nos envolveu, acolheu e ensinou a dar os primeiros passos nessa longa, difícil e perigosa caminhada que constitui a nossa existência. (FORGHIERI, 2004, p. 55)*

5

Síntese das ideias principais do Existencialismo e da Fenomenologia

Com base nas ideias desses autores apresentados, podemos destacar, em síntese, alguns pressupostos mais fundamentais do Existencialismo e da Fenomenologia. São eles:

5.1 Pressupostos básicos do Existencialismo

> *O existencialismo, ao lidar com temas fundamentais da existência humana, como a morte, a liberdade, o tempo, a singularidade, a angústia, o desespero e o desamparo nos remete ao verdadeiro sentido de ser pessoa e nos convoca a um permanente revisar do sentido de nossa existência e nos permite, não obstante nossa contingência humana, sentirmo-nos viventes e lutando pelo sentido humano de nós mesmos.. (RIBEIRO, 2011, p. 113)*

A existência precede à essência (Sartre). O homem é aquilo que ele decide ser e não o resultado de um determinismo biológico/instintivo ou ambiental.

> Ainda que o homem exista na história, ele não se reduz a seu papel histórico; sua vida não é determinada historicamente. Ele é o autor de sua história.

O homem está condenado a ser livre! (Sartre). Ou seja, a escolher com ou sem razão, ou antes de qualquer razão e a decidir arbitrariamente sua vida.

O engajamento e a responsabilidade são os valores mais fundamentais da existência.

É ao ser que cabe dar sentido a sua existência, através de um projeto de vida movido pela vontade própria.

O desenvolvimento humano é um processo contínuo de *aperfeiçoamento e integração*; uma busca incessante de autorrealização: tornar real o que é potencial em cada um.

A existência é subjetiva. Uma pessoa só pode ser genuinamente ela própria. Não pode ser o que outros esperam que seja, a não ser que corra o risco de perder-se a si mesma em sua individualidade.

5.2 Pressupostos básicos da Fenomenologia

> *A fenomenologia é, assim, a mais pura de todas as posturas filosóficas, e fundamenta, como nenhum outro conhecimento, nosso conceito de pessoa, enquanto um apelo radical a que abandonemos toda e qualquer forma de prévio saber e a que nos abramos para receber a realidade assim como ela é, porque, só assim, será possível ver o impossível, olhar para o passado e para o futuro e, não obstante, sentirmo-nos no presente. (RIBEIRO, 2011, p. 104)*

A experiência pessoal e subjetiva é o fundamento sobre o qual o conhecimento é construído.

É a ênfase do ponto de vista do sujeito, afirmando sua subjetividade e a relatividade do objeto.

O foco da fenomenologia não é o mundo que existe, mas sim o modo como o conhecimento do mundo se dá e se realiza para cada pessoa. É, antes de tudo, a visão do mundo que o indivíduo tem.

> Os sentimentos experienciados pela pessoa não podem sofrer interpretações, modificações, arbitrariamente determinadas por modelos ou constructos teóricos.

O objetivo do método fenomenológico é apreender a essência das coisas como surgem na consciência; é abstrair-se de crenças, ideologias, preconceitos, julgamentos apriorísticos e entregar-se por inteiro, livre, sem distorções.

> Tal método consiste no estudo da experiência humana, tal como é acessível à consciência, em relação a objetos e a significados. É um retorno à intuição, à experiência organísmica e à percepção da essência.

O método fenomenológico na psicoterapia:

- A pessoa que busca ajuda psicológica - o cliente - é considerada em função do objeto idealizado que em sua mente corresponde à realidade; independente da situação objetiva em que está inserida e do quanto sua percepção se aproxima do senso comum dos objetos ideais que predominam nas mentes das demais pessoas à sua volta.

  Em suma, o psicoterapeuta deverá encontrar significado nos objetos do mundo ideal de seu cliente - conhecer a *sua realidade* - e, dessa forma, poder ajudá-lo construtivamente.

Tais pressupostos existenciais-fenomenológicos fortaleceram as propostas do Humanismo filosófico e ofereceram os fundamentos humanísticos na Psicologia, na Educação e em outras áreas do conhecimento humano.

O Humanismo é, portanto uma filosofia de vida, uma atitude compreensiva do ser humano e de seu processo de desenvolvimento.

Seus fundamentos enfatizam:

→ a busca do significado da EXISTÊNCIA humana e das condições onde possa ocorrer a autorrealização.

→ a visão do ser humano em sua TOTALIDADE, integrando e interagindo com outros seres humanos, infra-humanos e seu ambiente (visão holística).

→ a CONSCIÊNCIA DA LIBERDADE para ser e escolher seus próprios caminhos e, sem dúvida, assumir a responsabilidade por seu ser e suas escolhas.

→ o princípio de que cada ser humano é ÚNICO em sua vida interior, percepção e avaliação do mundo e nas respostas que dá a ele.

Em resumo, uma atitude HUMANISTA reorganiza e sintetiza uma visão de ser humano com a adoção das seguintes proposições:

- Confiança na capacidade e potencialidade do ser humano de resolver seus próprios problemas, baseado na razão, na emoção e na atitude de busca perene pela verdade.
- Confiança na liberdade genuína de uma nova escolha criativa e na ação do ser humano, conduzindo seu próprio destino, no aqui-e-agora, para além de seu condicionamento histórico.
- Confiança no ser humano como uma forma evolucionária da natureza, como uma unidade inseparável e integrada, em contínuo processo de vir-a-ser.

- Confiança na capacidade humana de reflexão e questionamento dos pressupostos básicos de sua conduta de acordo com uma atitude científica de busca da verdade e aberto às novas experiências.

O sentimento de confiança é, portanto, a expressão da atitude básica do Humanismo. Confiança em si mesmo, no outro e no mundo. É o fundamento da esperança de viver, de realizar, de transcender. Tal sentimento leva à concepção que reverencia a vida. Que a respeita em toda sua diversidade, biológica, social, cultural, religiosa, enfim, histórica. O humanismo, portanto, é um vigoroso chamado a viver. São esses pressupostos que sustentam as características do enfoque humanista em Psicologia.

6

Psicologia humanista

A combinação dos pressupostos fundamentais do Humanismo, do Existencialismo e do método fenomenológico fez surgir o movimento que foi denominado por Abraham H. Maslow de a *Terceira Força* da Psicologia, sucedendo o Behaviorismo e a Psicanálise ortodoxa na evolução dialética do pensamento psicológico.

Contudo a Psicologia Humanista não pode ser considerada como um corpo único de teoria, mas, uma coletânea de numerosas tendências e escolas do pensamento. Seus representantes não apresentaram uma abordagem singular, mas, uma pluralidade de concepções sobre o ser humano, todas elas compartilhando suas características comuns, como o respeito pela pessoa, sua totalidade e unicidade; sua vocação para a liberdade e como construtor de sua história. A. H. Maslow, C. R. Rogers, F. Perls, G. Allport, V. Frankl, R. May, E. Fromm, C. Bühler são alguns dos representantes dessa abordagem psicológica.

As duas primeiras forças da Psicologia - o Behaviorismo e a Psicanálise - surgiram no período entre o final do século XIX e início do século XX e constituíram os fundamentos importantes na história da Psicologia.

O Behaviorismo adveio como confronto às posições destacadas da Psicologia no final do século XIX em relação ao papel da consciência e ao método introspectivo para a compreensão da atividade intrapsíquica. Para os behavioristas o comportamento tal como é manifesto, aquele que podia ser observado explicitamente e mensurado, era o que realmente importava. J. B. Watson, o fundador do movimento behaviorista sintetizou em uma frase o seu pensamento:

> *O Behaviorista... começa por varrer todas as concepções medievais... Retira do seu vocabulário científico todos os termos subjetivos, como sensação, percepção, imagem, desejo, intenção e até pensamento e emoção, tal como foram subjetivamente definidos. (WATSON, 1958, apud GREENING, 1975, p. 72)*

Tal escola psicológica, no início do século XX, concebe o ser humano como uma complexa organização de estímulo-resposta que culmina em padrões previsíveis de hábitos e de condicionamentos. É de Watson a emblemática asserção do behaviorismo:

> *Dêem-me o bebê e o meu mundo para criá-lo e eu fá-lo-ei engatinhar e caminhar; fá-lo-ei trepar e usar as mãos para construir casas de pedra ou madeira; farei dele um ladrão, um pistoleiro ou um toxicômano. A possibilidade de moldá-lo em qualquer direção é quase infinita (WATSON, 1926, apud GREENING, 1975, p. 72 - 73)*

Na mesma época histórica surgiu o movimento psicanalítico, com S. Freud, em pólo oposto ao Behaviorismo. A Psicanálise dava destaque ao ambiente interno ou aos estímulos oriundos de dentro da pessoa sob a forma de impulsos e instintos, enquanto, o Behaviorismo enfatizava o ambiente externo ou os estímulos ambientais, como fatores controladores do comportamento.

Ambas as escolas psicológicas representaram um paradigma determinista frente ao comportamento humano: no Behaviorismo, o determinismo ambiental - o homem produto do ambiente e da história e na Psicanálise ortodoxa, o determinismo psicogenético - o homem produto de seus impulsos, instintos, emoções e necessidades vitais. Ao contrário do ser humano visto como um reator, a reagir ante estímulos externos ou internos, na Psicologia Humanista, ele é visto como autor de seu desenvolvimento e de sua própria história, autoria esta mediada por fatores perceptuais de si e do mundo.

> *A força da Psicologia Humanística reside na sua disposição para ver o homem como um todo, suas escolhas, sua busca de finalidade, criatividade e tentativas para utilizar todos os seus potenciais. O homem é examinado a uma luz mais otimista, mais promissora quando se estudam, além do mais, os melhores espécimes da raça humana. O teor geral dessa Psicologia é de esperança e de encorajamento no que se refere a ser possível adquirir um conhecimento mais completo do homem, indo de suas alturas até suas profundezas, com novos discernimentos, provenientes de tais estudos, sendo proporcionados para a melhoria das relações entre as pessoas através do desenvolvimento de pessoas funcionando mais amplamente. (RICH, 1975, p. 38)*

6.1 Características do enfoque humanista em psicologia

> Seus temas mais relevantes são: a relação de pessoa para pessoa, a liberdade e a responsabilidade, a escala individual de valores e seu enfoque ético, o sentido e o valor da vida, o sofrimento humano, a angustia existencial, a ansiedade, as perdas e os ganhos, etc.

Sua preocupação básica é com o respeito à liberdade, à dignidade e à valorização do homem e ao desenvolvimento do potencial inerente a cada um.

> Dá ênfase às qualidades distintamente humanas: **livre arbítrio**, criatividade, imaginação, emotividade, autoavaliação e autorrealização.

É central a visão da pessoa como um processo de descoberta do seu próprio ser, ligando-se a outras pessoas e grupos.

> Seu método principal é o **fenomenológico,** para enfoque das experiências humanas subjetivas, tal como são acessíveis à consciência, em relação a objetos e a significados.

Suas principais contribuições têm sido ao campo das teorias de personalidade, dos processos de psicoterapia e aconselhamento psicológico ou terapêutico.

> **A Psicologia** HUMANISTA tenta completar e não substituir outras orientações, tais como, a psicanalítica e a neo -behaviorista (cognitivo-comportamental), entre outras.

Esses pressupostos do enfoque humanista da psicologia têm implicações éticas para além do campo da psicoterapia, ou seja, em relação à educação, à gestão de recursos humanos, ao serviço social, etc.

No tocante à natureza humana, bem como, à personalidade e seu desenvolvimento, podemos acrescentar alguns princípios que são enfatizados pela Psicologia Humanista, a seguir:

- O organismo humano possui uma exclusiva natureza intrínseca de necessidades básicas e de tendências direcionais que garantem a sua plena realização.
- Há um impulso inerente ao organismo em direção à autorrealização ou individuação, ou seja, no sentido de desenvolver e ampliar seus potenciais humanos, suas capacidades e talentos pessoais.
- As inerentes tendências direcionais do organismo humano são positivas e construtivas em sua natureza e tendem a garantir sua manutenção e crescimento.

- Os comportamentos negativos ou destrutivos, contra a vida em todas as suas manifestações, são consequências das frustações severas de necessidades básicas intimamente ligadas às tendências direcionais positivas; estas representadas, entre outras pela afirmação da liberdade e da dignidade humanas.
- Há um processo organísmico de avaliação inerente ao indivíduo. Esse processo evolui para um sistema interno de valores que visa estabelecer um eixo integrador da personalidade.
- As experiências do passado e as projeções do futuro pertencem unicamente ao presente e estão manifestamente ativas no aqui-e-agora.
- A conscientização de si mesmo - a autoconsciência - corresponde ao aspecto essencial do crescimento sadio da personalidade. Por meio da autoconsciência mais profunda de si mesmo, a pessoa pode libertar-se de suas defesas e incongruências, desvelar ao máximo suas potencialidades e escolher e caminhar em direção de seu próprio crescimento.

BÜHLER (1975), importante representante do movimento humanista em Psicologia, acrescenta que há uma natural necessidade humana de *busca de valores*, aqueles relativos a garantir o desenvolvimento das potencialidades do ser, ou seja, os que promovem a realização de suas capacidades e a satisfação de suas necessidades mais profundas. E esta busca por valores humanistas é efetivamente alcançada com a ajuda de relações pessoais mais satisfatórias e autênticas e que podem ser chamadas pelo nome de *amor*.

> *O psicoterapeuta moderno não é uma autoridade indiscutível que se senta numa torre de marfim. Não é uma figura sobranceira que considera os valores subprodutos neuróticos de supe-*

regos hipersocializados. Pelo contrário, está disposto a participar num encontro "solícito" e caracterizado pela troca de ideias e mútuas sugestões, assim como a enfrentar diretamente questões de valores e metas pessoais. Tem uma relação de pessoa a pessoa com o seu paciente, revelando-se, portanto, tal como é... Um dos principais objetivos do terapeuta humanista é ajudar o paciente a descobrir-se, descobrir o quer da vida, descobrir os seus melhores potenciais. O terapeuta não lhe dirá o que fazer ou onde ir. O terapeuta acredita na liberdade de escolha do paciente, uma vez liberto de suas fixações neuróticas; e também acredita na existência de um potencial criador em cada ser humano. (BÜHLER, apud GREENING, 1975, p. 44-45)

Sobre as relações afetivas e acolhedoras nas relações de ajuda psicológica - denominadas *amor* -, que se propõe como parte essencial da prática terapêutica da Psicologia Humanista, FROMM (1966) propõe que amar produtivamente uma pessoa implica cuidar e se sentir responsável pela vida dela, não só por sua existência física como também pelo incremento e desenvolvimento de todos os seus potenciais humanos. Amar produtivamente, reafirma o autor, não se coaduna com passividade, nem com a atitude de mero observador face a vida da pessoa amada; implica esforço, cuidado e responsabilidade por seu desenvolvimento e felicidade.

MATSON (1975) esclarece um aspecto importante do encontro terapêutico ao afirmar:

O terapeuta existencial (isto é, o terapeuta humanista) deixou de ser a tela branca ou o "catalisador silencioso" que era no tempo de Freud; pelo contrário, é um participante ativo com a totalidade do seu ser. Participa não só para ajudar, mas, ainda mais basicamente, para conhecer e compreender. (MATSON, apud GREENING, 1975, p.78)

7

Abraham H. Maslow (1908 – 1970) e a *terceira força* da Psicologia

7.1 Dados biográficos

A. H. Maslow destacou-se como educador e psicólogo e pode ser considerado o fundador e principal líder do movimento humanista da psicologia. Obteve o grau de Mestre e Doutor em Psicologia, em 1934, pela Universidade de Wisconsin. Depois de passar pela Universidade de Columbia, foi para a de Brandeis onde produziu sua clássica obra sobre motivação humana: *Motivation and Personality* (NY: Harper, 1954) e, mais tarde, *Toward a Psychology of Being* (NY: Vdn Nostrand, 1962), esta com tradução ao português. No prefácio da segunda edição desse livro(1968) Maslow declara:

> *Se eu tivesse que exprimir numa única frase o que a psicologia humanista significou para mim, eu diria que constitui uma integração de Goldstein (e da psicologia da Gestalt) com Freud (e as várias psicologias psicodinâmicas), o todo combinado com o espírito científico que me foi ensinado pelos meus professores na Universidade de Wisconsin. (MASLOW, 1968, p. 14)*

Revelou-se, em sua obra, um crítico severo do Behaviorismo e das teorias psicológicas que se apoiavam em experiências de psicoterapia com pacientes clínicos perturbados emocionalmente. Em contrapartida, Maslow desenvolveu seus estudos sobre a personalidade baseado em pesquisas com pessoas adultas independentes e autorrealizadas e com qualidades positivas voltadas para desenvolvimento pleno de suas potencialidades.

Dessa forma, os temas que Maslow mais se dedicou em sua obra foram àqueles voltados para as questões sobre o sentido de realização do ser humano, sua criatividade e sua natureza positiva. A personalidade sadia, a espontaneidade e os níveis superiores de consciência mereceram sua maior atenção.

Com essas ideias sobre natureza humana, Maslow deu um significativo impulso à Psicologia Humanista que ganhou dele a denominação de *Terceira Força* da Psicologia, movimento este que sucedeu, então, ao Behaviorismo e a Psicanálise ortodoxa, como já vimos.

Outrossim, Maslow considera que a Psicologia Humanista significava uma transição para uma *quarta força* da Psicologia que ele chamou de *Transpessoal*, com vistas, as investigações das capacidades e potencialidades mais profundas e enigmáticas do ser humano, como os estudos sobre a espiritualidade, as experiências de fé e religiosidade e os fenômenos denominados genericamente de paranormalidade.

No final da década de 1960, Maslow foi agraciado com o título de *Humanista do Ano* pela Associação Americana de Psicologia, tendo, no período de 1967 a 1968 assumido a Presidência dessa consagrada instituição.

Durante 10 anos trabalhou como professor e gestor universitário na Brandeis University. Em 1969, um ano antes de sua morte, contribuiu significativamente em um trabalho sobre *Filosofia Política, Economia e Ética democrática* sob a perspectiva da Psicologia Humanista e sob os auspícios da Fundação W. P. Langhlin, da Califórnia.

Finalmente, sua obra deixou uma importante contribuição sobre a concepção de natureza humana, motivação e personalidade. Nesse sentido, sua visão otimista enfatizou a natural tendência do homem para a liberdade e o livre arbítrio, para o sentido de dignidade, singularidade e vocação inata para o bem. Evidenciou como fundamental objetivo do desenvolvimento humano a autorrealização.

> *Quando a filosofia do homem (sua natureza, seus fins, suas potencialidades, sua realização) muda, então tudo muda, não só a filosofia política, a economia, a ética e a axiologia, a das relações interpessoais e a da própria História, mas também a filosofia da educação, da psicoterapia e do crescimento pessoal, a teoria de como ajudar os homens a tornarem-se no que podem e profundamente necessitam vir a ser. (MASLOW, 1968, p. 223)*

7.2 Proposições a respeito da natureza humana

As propostas de MASLOW (1968) sobre o homem e a natureza humana podem ser resumidas, como seguem:

a) Cada ser humano possui uma natureza interna essencial, que é intrinsecamente herdada e cuja tendência é realizar-se. Nela incluem-se as necessidades básicas, (de sobrevivência, de segurança, de filiação e de afeição, de respeito e dignidade pessoal, e de individuação e autorrealização). Além das capacidades, dos talentos, das inteligências, da criatividade, da emotividade, da imaginação, entre outras potencialidades.

> *... as emoções humanas básicas e as capacidades humanas básicas são, ao que parece, neutras, pré-morais ou positivamente "boas". A destrutividade, o sadismo, a crueldade, a premeditação malévola etc. parecem não ser intrínsecas, mas, antes, constituiriam reações violentas contra a frustração das nossas necessidades, emoções e capacidades intrínsecas. (MASLOW, 1968, p. 28)*

b) Parte da natureza é universal na espécie e parte é individual, singular para cada pessoa.

c) É possível estudar cientificamente parte da natureza humana e descobrir (não *inventar*) suas características. Também se pode fazer de modo subjetivo, através da introspecção e da psicoterapia; as técnicas se completam mutuamente na fenomenologia que usa a experiência pessoal e subjetiva como base sobre a qual o conhecimento é construído.

d) Grande parte da natureza íntima e mais profunda é inconsciente. O conteúdo reprimido oriundo de fontes externas (culturais, morais, etc) e intrapsíquicas permanecem como determinantes ativos e parciais do pensamento e do comportamento. (MASLOW, 1968, p. 226)

e) A natureza interna da pessoa possui uma força dinâmica que lhe é própria, denominada *vontade de saúde,* que se traduz num impulso para crescer, para alcançar a individuação, a busca de uma identidade própria. *É isso o que, em princípio, torna possível a psicoterapia, a educação e o aperfeiçoamento pessoal* (MASLOW, 1968, p.

227). Esse núcleo interno da personalidade é o EU, formado desde a mais tenra idade até chegar a idade adulta. O EU dá o sentido à vida por meio das escolhas e corresponde a um determinante pessoal preponderante.

f) Quanto à origem da doença, Maslow afirma:

> *Quer dizer, a doença geral da personalidade é definida como qualquer condição em que a pessoa fica aquém do seu pleno desenvolvimento, ou individuação, ou plena realização da sua humanidade. E a principal fonte de doença (embora não seja a única) é vista como frustrações (de necessidades básicas, de S-valores, de potenciais idiossincrásicos, da expressão do eu e da tendência da pessoa para crescer no seu próprio estilo e de acordo com o seu próprio ritmo), especialmente nos primeiros anos de vida. Isto é, a frustração das necessidades básicas não é a única fonte de doença ou de diminuição humana. (MASLOW, 1968, p. 228)*

Isso significa que a neurose resulta da negação, da frustração ou da supressão da natureza íntima da pessoa.

g) Em relação à saúde psicológica, Maslow ressalta:

> *A saúde psicológica não é possível, a menos que esse núcleo essencial da pessoa seja fundamentalmente aceito, amado e respeitado pelos outros e pela própria pessoa... A saúde psicológica do cronologicamente imaturo dá-se o nome de crescimento sadio. A saúde psicológica do adulto recebeu várias designações: autorrealização, maturidade emocional, individuação, produtividade, autenticidade, plenitude humana etc. (MASLOW, 1968, p. 231)*

h) A individuação ou a autorrealização é definida de diversas maneiras, porém, sempre perceptível com um núcleo comum de concordância:

a) aceitação e expressão do núcleo interno ou eu, isto é, a realização das capacidades latentes, potencialidades, "pleno funcionamento", acessibilidade da essência humana e pessoal; b) uma presença mínima de má saúde, neurose, psicose, de perda ou diminuição das capacidades humanas e pessoais básicas. (MASLOW, 1968, p. 232)

i) Como consequência, conclui-se que é importante o encorajamento da natureza interna da pessoa, ao invés de suprimi-la ou reprimi-la.

A pura espontaneidade consiste na expressão livre, desinibida, incontrolada, confiante e não-premeditada do eu, isto é, das forças psíquicas, com interferência mínima da consciência. Controle, vontade, cautela, autocrítica, moderação, deliberação, constituem os freios a essa expressão que se tornaram intrinsecamente necessários pelas leis dos mundos social e natural, fora do mundo psíquico... (MASLOW, 1968, P. 232)

j) Os *controles* não são, em princípio, negativos. São mesmo necessários para o desenvolvimento da autonomia. Há controles necessários para manter a organização da psiquê, de sua integração e unificação. Há, também, controles necessários na busca de formas superiores de expressão por meio do trabalho árduo, das escolhas difíceis e renúncias deliberadas, etc. Estes são controles estimulantes e não repressivos.

k) Frente ao processo educativo, Maslow acentua que a educação deve ser incentivada na direção tanto para o cultivo de controles produtivos como para o cultivo da expressão e da espontaneidade. (MASLOW, 1968, P. 233)

7.3 Noções centrais sobre Motivação Humana

Para Maslow o organismo humano é ativado e energizado por uma hierarquia na qual se organizam as necessidades básicas, chamadas por ele de *instintoides*, porquanto lhes atribuía uma natureza hereditária ou inata. Tal hierarquia direciona o indivíduo na busca de um motivo soberano, o de autorrealização.

Essas necessidades estão dispostas ordenadamente: Necessidades fisiológicas (alimentação, água, sobrevivência); Necessidades de Segurança (proteção, manutenção, estabilidade); Necessidades de afiliação e pertencimento (amar e ser amado); Necessidades de estima e apreço (de si mesmo e dos outros) e Necessidades de autorrealização (individuação).

As necessidades fisiológicas básicas devem ser pelo menos parcialmente satisfeitas antes do organismo estar motivado para as de segurança. Por exemplo, pessoas cronicamente famintas não têm significativamente qualquer impulso para satisfazer necessidades de afiliação ou pertencimento, isto é, de amar e serem amadas produtivamente, pois estas estão num nível mais alto da hierarquia; essas pessoas estão mais preocupadas em obter um prato de comida do que em sentirem-se amadas ou dispostas a amar à outrem.

Dessa forma, a satisfação de cada necessidade na hierarquia é um requisito para que a pessoa busque à que se lhe segue.

> *... a Teoria geral de motivação enunciada no meu livro Motivation and Personality, em particular, a Teoria da satisfação de necessidades, a qual me parece constituir o mais importante princípio subentendido em todo o desenvolvimento humano sadio. O princípio holístico que conjuga a multiplicidade*

> *de motivos humanos é a tendência para o surgimento de uma nova e mais elevada necessidade quando, ao ser suficientemente satisfeita, a necessidade anterior é preenchida.* (MASLOW, 1968, p. 83)

Alguns aspectos podem ser considerados em relação às necessidades básicas são eles:

- Entre a multiplicidade de motivos humanos existe uma tendência a buscar uma necessidade mais elevada quando as inferiores estão relativamente satisfeitas, isto é, possuem um grau aceitável de satisfação uma vez que não existe plenitude de satisfação.
- A pessoa em déficit (carência) com suas necessidades básicas está voltada para sua segurança; a pessoa que as satisfez, motivação por superávit (abundância), volta-se para sua autorrealização ou crescimento.
- A satisfação das necessidades do ego (amor, estima e autorrealização) leva a pessoa à saúde psicológica, à felicidade e à vida plena.
- As necessidades do ego requerem adequadas condições externas (sócio-culturais-econômicas), mais do que as exigidas pelo organismo (fisiológicas e segurança). Assim, buscar a autorrealização implica na existência de maior liberdade de expressão e sentido crítico, do que buscar por segurança.
- A pessoa motivada por déficit tende a ser centrada em si mesma; a pessoa motivada pelo crescimento é capaz de centralizar-se nos problemas e perceber situações e outras pessoas de modo mais objetivo.
- A pessoa motivada por déficit deve depender dos outros para ser auxiliada quando encontra dificul-

dades - heteronomia; ao contrário, a pessoa motivada pelo crescimento, é mais capaz de auxiliar-se por si mesma - autonomia.

> *... o indivíduo capaz de individuação, aquele que, por definição, satisfez as suas necessidades básicas, é muito menos dependente, está muito menos vinculado, é muito mais autônomo e egodirigido.* (MASLOW, 1968, p. 61)

- A satisfação de necessidades deficitárias leva a pessoa a um sentimento de saciedade e alívio; as de crescimento conduz à sensação de prazer e desejo de outras realizações.
- Para a sobrevivência do organismo, as necessidades de crescimento (abundância) são menos necessárias do que as de déficit (carência), entretanto, aquelas determinam a realização do potencial humano e o crescimento. De maneira geral as satisfações das necessidades por déficit ou carência podem evitar a doença, porém, as satisfações das necessidades do crescimento ou abundância, produzem a saúde.
- Diante da hierarquia das necessidades que motivam o comportamento das pessoas, aquelas dominantes emergem como primeiro plano ou prioridade, ou seja, o comportamento é sempre dirigido para a satisfação de uma necessidade dominante.

A seguir, algumas características sobre cada um dos cinco patamares das necessidades básicas:

Necessidades fisiológicas: Estas são consideradas as necessidades básicas ser humano e as mais preponderantes de todas as necessidades humanas assim como comer, beber, dormir, proteger-se do calor e do frio, etc. Por outro lado, quando a pessoa está carente em uma situação extrema, é muito comum que as necessidades fisiológicas sejam sua motivação principal. Uma pessoa que está sem comida, sem segurança, sem amor e autoestima provavelmente procurará alimento mais do que qualquer outra coisa. Quando todas as necessidades estão insatisfeitas o organismo é dominado pelas necessidades fisiológicas. Quando um indivíduo está com fome, por exemplo, todas as suas capacidades são colocadas a serviço da satisfação da fome; quer dizer, sua grande motivação será um prato de comida.

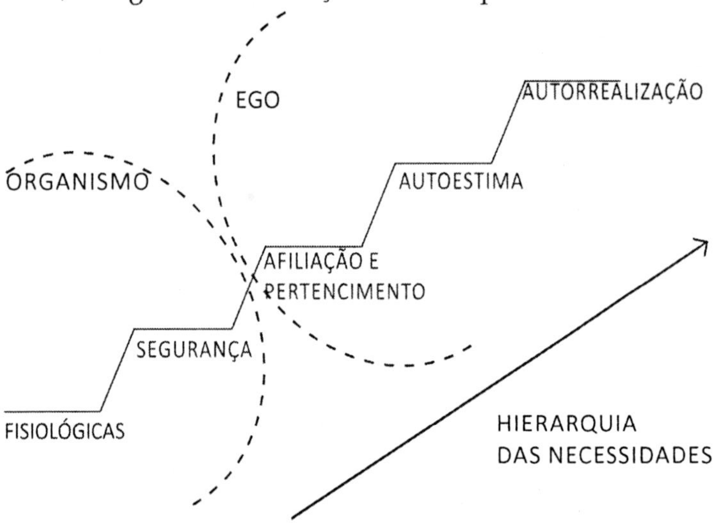

Necessidades de segurança: Estas envolvem a estabilidade, a proteção, a ausência de medos e de ameaças e a ausência de ansiedade. Quando essas necessidades não são satisfeitas, elas dominam o indivíduo, cujas capacidades se voltam para a sua satisfação e o indivíduo passa a procurar a segurança, colocando-a como objetivo principal de sua vida. Quando as pessoas sentem-se ameaçadas de alguma forma na sua segurança, regridem aos níveis anteriores de necessidades e concentram-se nas necessidades de segurança. Trata-se aqui das necessidades de se ter um emprego, uma casa para morar, um atendimento à saúde, escola, amparo na velhice, entre outras.

Necessidades de afiliação e de pertencimento: As necessidades de relacionamento, de pertencer, de intimidade, de amor e de afeição, são de grande importância para os seres humanos e podem, em determinados momentos, ser preponderantes, impedindo a emergência de outras necessidades.

O isolamento, a rejeição e a ausência de raízes comuns com grupos sociais são situações que evidenciam a não-satisfação dessas necessidades. Maslow considera que a não-satisfação dessas necessidades provoca um sofrimento que pode ter a mesma intensidade do sofrimento físico de uma pessoa faminta. Maslow sugeriu que a não satisfação dessa necessidade pode ser a principal causa dos desajustes emocionais.

Necessidade de autoestima: A necessidade de estima é integrada por necessidades cuja satisfação esta diretamente relacionada à própria pessoa e também por necessidades cuja satisfação exige fundamentalmente uma ação externa. No primeiro caso, encontram-se as necessidades de adequação, de capacidade e de competência, de confiança em enfrentar o mundo, de liberdade e de independência. No segundo caso, encontram-se as necessidades de reputação ou prestígio, de status, de reconhecimento, de atenção, de importância e de dignidade. A necessidade ou o desejo de uma avaliação de si próprio, de autorespeito, de autoestima e de estima dos outros são, segundo Maslow, necessidades fundamentais de todos os seres humanos. A ausência de satisfação dessas necessidades gera sentimentos de inferioridade, de fraqueza, de desencorajamento e de pouca confiança na capacidade de lidar com a realidade.

Necessidade de autorrealização: Essa necessidade somente surge à medida que as demais são relativamente satisfeitas. Ela refere-se ao desejo que as pessoas têm de desenvolver seu potencial. É tornar real o que é potencial no indivíduo.

Essa necessidade está relacionada à curiosidade humana e envolve de certo modo, o desejo de conhecer, sistematizar, organizar, analisar e procurar relações e significados, assim como de construir um sistema de valores e de referenciais éticos. Nesse nível de satisfação, as pessoas tornam-se motivadas a vivenciar experiências de fé ou de religiosidade e estéticas nas diversas expressões das artes.

Em suma, a teoria das necessidades humanas, propostas por Maslow, representa uma abordagem humanista, por excelência. Afirma que o homem não é redutível à sua fisiologia, não é um respondente mecânico a estímulos e não é dominado por impulsos destrutivos e agressivos. A natureza humana é complexa e construída por fatores biopsicossociais. O homem realiza-se à medida que tem condições de desenvolver-se física, psicologicamente e socialmente. Esse desenvolvimento vai beneficiar, não só o ser humano individualmente, como também a sociedade onde vive.

7.4 Em direção à vida plena: característica de pessoas autorrealizadas

A autorrealização é um processo contínuo de desenvolvimento das potencialidades do ser humano. Isso significa utilizar com ótima produtividade suas habilidades, inteligências, criatividade, emotividade e imaginação e, além desses poderes humanos, exercer a vocação para o exercício da liberdade ou do livre arbítrio. Refere-se a um modo contínuo de viver, trabalhar e relacionar-se com o mundo.

Realizar é tornar verdadeiro, existir de fato e não somente em potencial.

Assim, autorrealizar é aprender a sintonizar-se com sua própria natureza íntima. Isto significa decidir com autonomia, independente das ideias ou opiniões dos outros. É desenvolver uma consciência ética humanista, onde o ser humano é o centro do universo dos valores.

Se viver significa exercitar continuamente o processo de escolhas, então a autorrealização significa fazer de cada escolha uma opção para o crescimento. Muitas vezes temos que escolher entre o crescimento e a segurança, entre progredir e regredir. Escolher o crescimento é abrir-se para experiências novas e desafiadoras, arriscar o novo e o desconhecido.

Caminhar em direção à autorrealização significa experienciar a si mesmo e o mundo de modo pleno, intenso e com profunda concentração dos sentidos.

Para Maslow, há no ser humano:

> *... uma tendência para o (ou necessidade de) crescimento numa direção que pode ser resumida, - de um modo geral, como individuação ou saúde psicológica e, especificamente, como crescimento no sentido de todos e cada um dos aspectos da individuação; isto é, o ser humano possui dentro de si uma pressão que se faz sentir no sentido da unidade da personalidade, da expressividade espontânea, da plena individualidade e identidade, da visão da verdade e não da cegueira, no sentido do ser criativo, do ser bom e uma porção de coisas mais. Quer dizer, o ser humano está construído de tal forma que pressiona no sentido de uma plenitude cada vez maior; (MASLOW, 1968, p. 187)*

As pessoas sadias que alcançaram a satisfação suficiente de suas necessidades básicas, como segurança, afiliação, respeito e amor próprio e que, portanto, são motivadas ao nível das necessidades de autorrealização possuem determinadas características que identificam seu comportamento e caráter.

A propósito, Maslow (1954, apud MASLOW, 1968, p. 52) descreve as características clinicamente observadas do caráter de *pessoas autorrealizadas*. São elas:

- **Percepção superior da realidade:** Tais pessoas têm uma percepção mais eficiente de seu mundo e dos outros, com menor comprometimento em relação à julgamentos prévios e preconceitos.

- **Aceitação crescente do eu, dos outros e da natureza.**

  Aceitam a si mesmos com pontos frágeis e fortes e, assim também, aos outros. Compreendem e aceitam o mundo como ele é.

- **Espontaneidade crescente.**

  São espontâneos, simples e naturais. Sentem-se seguros em ser o que de fato são.

- **Aumento de concentração no problema.**

  Concentram seu foco no problema objetivamente, ao invés de centrarem-se em si mesmos, egocentricamente.

- **Crescente distanciamento e desejo de intimidade.**

  Têm a qualidade do desprendimento e, ao mesmo tempo, necessidade de privacidade.

- **Crescente autonomia e resistência à aculturação.**

  São autônomos e tem independência em relação à cultura e ao meio ambiente, isto é, são mais resistentes à aculturação e transcendem a qualquer cultura.

- **Maior originalidade de apreciação e riqueza de reação emocional.**

  Percebem e experimentam o ambiente ou qualquer evento com admiração e profundo envolvimento emocional e encantamento.

- **Maior frequência de experiência culminantes.**

  Tais experiências revelam-se em momentos especialmente felizes e excitantes na vida da pessoa, ou seja, elas pensam, agem e sentem de forma mais clara e acuradamente. Amam e aceitam mais os outros, estão mais livres de conflitos interiores e de ansiedade e são mais capazes de usar suas energias de modo produtivo. São basicamente pessoas entusiasmadas. Sobre elas, o autor acrescenta:

A pessoa mais suscetível de sentir que a vida, em geral é digna de ser vivida, mesmo se for usualmente insípida, prosaica, penosa ou ingrata, visto que a existência de beleza, excitação, honestidade, ação, bondade, verdade e expressividade lhe foi demonstrada. Quer dizer, a própria vida foi validada e o suicídio e os desejos de morte devem-se tornar menos improváveis. (MASLOW, 1968, p. 130-131)

- **Maior identificação com a espécie humana.**

  Sentem proximidade e identificação com a humanidade por meio dos sentimentos de compaixão e disponibilidade para ajudar.

- **Relações interpessoais mudadas ou melhoradas.**

  Desenvolvem relações humanas intensas, profundas e duradouras. São dedicadas e compromissadas em suas amizades e companheirismo. São capazes de amar no sentido psicologicamente maturo e adulto, ou seja, respeitam a liberdade, a individualidade e a dignidade da pessoa amada; são responsáveis no relacionamento e tem desvelo e cuidado com o outro.

- **Estrutura de caráter mais democrática.**

  São afeitos ao diálogo e demonstram ser tolerantes e não preconceituosos. São liberais, porém, não libertinos nos costumes. Têm atitudes basicamente de caráter humanista.

- **Grande aumento de criatividade.**

  Apresentam criatividade autorrealizadora e são inventivos e originais em suas atividades no trabalho e na vida.

- **Certas mudanças no sistema de valores**

  Seu comportamento é autorregulado por valores intrínsecos, ou seja, de sua própria natureza e não pautados pelas pressões sociais.

7.5 Aplicação dos pressupostos humanistas da teoria de Maslow à psicoterapia

A doença psicológica, como foi citado nas proposições de Maslow à respeito da natureza humana, resulta da negação, da frustração ou da supressão da natureza intrínseca da pessoa e é definida como uma condição qualquer onde a pessoa fica aquém do seu desenvolvimento, principalmente pela frustração na satisfação de suas necessidades básicas, pelo impedimento do livre fluir de seu potencial humano e pela impossibilidade de expressar seus sentimentos mais verdadeiros.

Dessa forma, a saúde psicológica só será possível quando a pessoa é aceita, amada e respeitada pelos outros e por si mesma. Esse estado de sanidade pode ter várias denominações: autorrealização, maturidade emocional, autenticidade, produtividade pessoal e plenitude humana.

Fazendo referência aos pressupostos de MASLOW (1971, apud PRETTO, 1978) no tocante às suas ideias em relação ao professor e seu relacionamento com o aluno, numa proposta de educação orientada para o crescimento do ser humano, PRETTO (1978) põe em evidência algumas proposições educacionais apontadas por Maslow, como seguem:

> *... 3. Um dos objetivos da educação seria mostrar que a vida é preciosa. Se não existir alegria de viver não existirá valor em viver. As crianças são capazes de ter ex-*

periências culminantes, onde uma profunda alegria pode ocorrer. Daí o encorajamento de situações onde possam sentir-se competentes, importantes, capazes de auxiliar os menores e o encorajamento de criatividade.

4. Outro importante objetivo da educação intrínseca é ver se as necessidades básicas da criança estão satisfeitas. Uma pessoa não pode alcançar autorrealização enquanto suas necessidades de segurança, amor e posse, dignidade, autoestima e respeito não estiverem satisfeitas. Em termos psicológicos, a criança está livre da ansiedade quando se sente amada, quando tem alguém que a respeita e sabe que pertence ao mundo, e é querida pelos outros.

... 6. Transcender os pseudoproblemas e lidar com problemas realmente sérios e existenciais.

... 8. A escola deveria auxiliar as pessoas a se observarem e desse autoconhecimento derivar um conjunto de valores. A pessoa em processo de crescimento dirige-se para alvos que estão ligados a valores intrínsecos, escolhidos pela pessoa como partes de si mesmo.

9. O professor deve ser mais receptivo do que intrusivo, condicionador, acadêmico ou reforçador. Deve ser capaz de aceitar seus alunos e auxiliá-los e aprender que tipo de pessoa cada um é, através de uma atmosfera de aceitação da natureza da pessoa que reduz o medo, a ansiedade e a defesa ao mínimo possível. (PRETTO, 1978, p. 21 - 22)

O principal objetivo do professor para MASLOW (1971), portanto, é facilitar ao aluno que empreenda a busca de seu crescimento pessoal e sua autorrealização. É levá-lo a vivenciar, sem medo e sem defesas, as experiências desafiadoras da vida cotidiana, assumindo a responsabilidade em sua vida pessoal e na elaboração de um conjunto de valores que o leve a exercer o livre arbítrio de modo a promover-se a si mesmo e a sociedade em que vive.

Tais pressupostos voltados para uma educação humanista podem trazer bons resultados, não só no processo educativo, como também em psicoterapia.

O encontro pessoal entre professor e aluno tem o mesmo significado existencial do encontro psicoterapeuta e cliente, no sentido de levar a pessoa a mudar, a ter uma nova consciência de si e uma maior abertura à experiência em sua vida.

Com base nessas considerações pode-se propor, na forma de paráfrases, referenciar os objetivos e implicações educacionais propostos por Maslow, conforme citado anteriormente por PRETTO (1978), em relação ao processo de psicoterapia, na forma como segue:

- Um dos objetivos da psicoterapia é mostrar que a vida é preciosa. Se não existir alegria de viver não existirá valor em viver. As pessoas são capazes de ter experiências culminantes, onde uma profunda alegria pode ocorrer. Daí o encorajamento de situações onde possam sentir-se competentes, importantes, solidários e criativos.
- Outro importante objetivo da psicoterapia é ver se as necessidades básicas da pessoa estão satisfeitas. Esta não pode alcançar autorrealização enquanto suas necessidades de segurança, amor, dignidade, auto-estima e respeito não estiverem satisfeitas. Em termos psicológicos,

a pessoa está livre da ansiedade quando sente-se amada, quando tem alguém que a respeita e sabe que pertence ao mundo, e é querida pelos outros. Estas condições afetivas podem ser satisfeitas na relação interpessoal terapeuta e cliente.

- A pessoa, na relação de ajuda, deve aprender a transcender os pseudoproblemas e lidar com problemas realmente importantes e existenciais.
- A psicoterapia auxilia as pessoas a se observarem e desse autoconhecimento derivar um conjunto de valores. A pessoa em processo de crescimento dirige-se para alvos que estão ligados a valores intrínsecos, escolhidos pela pessoa como partes de si mesmo.
- O psicoterapeuta deve ser mais receptivo do que intrusivo, condicionador, acadêmico ou reforçador. Deve ser capaz de aceitar seus clientes e auxiliá-los e apreender que tipo de pessoa cada um é, através de uma atmosfera de aceitação da natureza da pessoa, que reduz o medo, a ansiedade e a defesa ao mínimo possível.
- Acima de tudo, o psicoterapeuta facilita ao cliente a busca de seu crescimento e autorrealização. Para tanto permite sua autoexpressão, deixa-o ver-se. Isso pode estimulá-lo a trabalhar persistentemente, absorvido numa tarefa contínua de crescimento produtivo.

Finalmente, o psicoterapeuta precisa se dedicar a que o cliente possa encontrar-se consigo mesmo, descobrir sua identidade, seu verdadeiro *eu*. O encontro profundo da identidade, do estilo próprio de ser de cada um, leva o indivíduo à descoberta não só de si mesmo como uma entidade única, como também de sua similaridade dentro da espécie humana, daquilo que possui em comum com a humanidade.

> *... estou convencido de que o terapeuta ideal, o que, presumivelmente, deve estar apto, por necessidade profissional, a compreender outra pessoa em sua singularidade e em sua integralidade, sem pressupostos, deve ser, pelo menos, um ser humano francamente sadio. Sustento isso, muito embora esteja disposto a admitir diferenças individuais inexplicadas nesse tipo de perceptividade, e também que a própria experiência terapêutica pode constituir uma espécie de adestramento na cognição do Ser de outro ser humano. (MASLOW, 1968, p. 120)*

8

Considerações gerais sobre as concepções humanistas da motivação humana

À propósito de modelo humanista de motivação, MADSEN (1974, p. 355-358), autor dedicado ao estudo das teorias motivacionais afirma que tal classe de constructos teóricos possuem muitos aspectos comuns que permitem sejam eles diferenciados de outros modelos, tais como, os chamados *mecanicistas* e *cognitivistas*.

Este modelo humanista possui, a seu ver, dois importantes aspectos que o caracterizam:

- Uma concepção humanista de psicologia. Neste aspecto o autor refere-se ao particular enfoque existencial-fenomenológico sobre a natureza humana, suas potencialidades construtivas, entre outras características.

- A hipótese de que existe uma classe especial de motivação humana. Esta classe de motivação com vista ao comportamento humano como totalidade (modelo holístico) é concebida como se referindo a fatores *indeterminados*. Estes referem-se à hipótese do *indeterminismo*, ou seja, àquelas que assumem variáveis de conexões completamente imprevisíveis.

Os fatores indeterminados (do indeterminismo, como se citou acima) referem-se a modelos teóricos que propõem que na natureza não se encontram conexões causais absolutas, mas que elas acontecem *por acaso*.

MADSEN (1974, p.73), sugere para o modelo humanístico a seguinte equação:

R = f (termos dinâmicos. Cognição)

onde,
R = comportamento
f = função
Termos dinâmicos (dynamics terms) = significam variáveis que determinam a *ativação* ou a *mobilização de energia* do comportamento humano.
Cognição = processos cognitivos humanos (percepção, pensamento e intuição).

Esses termos dinâmicos e cognições correspondem a processos que ocorrem sem que se tenham claramente explicitadas as funções através das quais eles se manifestam. Provavelmente, o autor refere-se às variáveis hipotéticas (intervenientes) ou a construções hipotéticas (constructos) tais como, por exemplo, tendências inatas de desenvolvimento, processos cognitivos (percepção, intuição).

Como pertencente ao modelo humanístico de motivação, MADSEN (1974) aponta, entre outros autores, A. H. Maslow que, segundo ele, rejeita uma definição de motivação baseada apenas em conceitos de equilíbrio homeostático ou redução de impulso e propõe, como motivo fundamental, uma tendência ao crescimento e aperfeiçoamento do organismo, uma tendência inerente ao ser humano para o crescimento construtivo - a autorrealização.

O termo autorrealização, usado por Maslow, como acentuado anteriormente, refere-se à tendência de realizar o potencial inerente ao organismo. Essa tendência pode se expressar como o desejo de a pessoa tornar-se sempre mais o que é e de vir a ser tudo o que pode ser, em suma, tornar real tudo aquilo que é potencial em si mesmo.

WEINER (1972), estudioso das teorias de motivação, acrescenta que, além das classificações dos tipos de teorias mecanicistas e cognitivas, objeto de seus estudos, sugere, muito convenientemente, uma terceira possível categoria de teorias cognitivas por ele denominada *concepções humanísticas*. Dentro deste modelo incluiu autores como A. H. Maslow e C. R. Rogers. A contribuição de Rogers para o estudo da motivação humana será desenvolvida no presente texto que tratará dos fundamentos teóricos e práticos da *Terapia Centrada na Pessoa*, do mesmo autor.

De forma geral, a tese principal dos teóricos cujos enfoques psicológicos apoiam-se na autorrealização é acreditar que a natureza humana, possui uma capacidade inerente de realização. Tal natureza é construtiva, digna de confiança, racional, única. Talvez tenha sido de ROGERS (1970) a afirmação mais precisa neste sentido: *... a natureza profunda do ser humano, quando funciona livremente, é construtiva e digna de confiança* (p. 172)

Toda posição que enfatiza a autorrealização como pressuposto de motivação considera a singularidade do indivíduo, como uma totalidade orgânica e fenomenológica, evidenciada através do comportamento humano. Considera também que o indivíduo deve descobrir seu *eu real* e aproveitar o melhor de suas potencialidades para estar sadio, não importando quão difícil seja esta tarefa.

HALL e LINDSEY (1972, p. 337) acentuam que o aspecto orgânico total baseia-se no fato de que os organismos funcionam como unidades integradas e não como sistemas parciais, e teve em K. Goldstein um dos seus principais defensores. A motivação humana para este autor postula a autorrealização como único motivo básico em sua teoria: é na verdade, o único motivo que possui o organismo. Necessidades como: fome, sexo, desejo de poder, e outras, são tão somente manifestações do objetivo soberano da vida, ou seja, a realização de potencialidades, uma tendência criativa de natureza humana e o princípio orgânico pelo qual o organismo se desenvolve plenamente.

Para Goldstein qualquer explanação está fadada ao insucesso quando tenta reduzir a motivação humana a um número de fatores isolados: internos, como capacidades, impulsos, pulsões, etc. ou a fatores externos, como estímulos ambientais. Acentua ainda que o organismo sadio é aquele no qual a tendência a autorrealização atua a partir do interior do indivíduo sobrepondo-se aos problemas que surgem na luta com o cotidiano, não como produto da ansiedade, mas sim, pelo prazer da conquista. (HALL & LINDSEY, 1972, p.339)

Este modelo organísmico pode ser também denominado de holístico (de holismo, com a raiz *holos*, que quer dizer completo, inteiro, todo), e onde a motivação humana:

> *...em sua expressão mais sadia, está dotada de intenção e valor, a fim de realizar as características distintamente humanas do organismo e proporcionar a fruição do máximo desenvolvimento de que o homem possa ser capaz. (FRICK,1975 p.164)*

9

Carl R. Rogers (1902–1987) e a *Terapia Centrada na Pessoa* – TCP

9.1 Dados biográficos

C. R. Rogers destacou-se na Psicologia Humanista como educador e psicoterapeuta e propôs uma abordagem em teoria e prática psicológica chamada de *Terapia Centrada na Pessoa* - TCP. Tal denominação sugere que a capacidade de aperfeiçoar a si próprio ou superar conflitos emocionais está latente e evidente no interior da pessoa. É a pessoa que busca ajuda e não o terapeuta quem procede a tais mudanças. O papel do terapeuta é tão somente ser o facilitador do processo, assim como na educação, o professor é basicamente um facilitador do processo de aprendizagem.

O autor nasceu em 1902 de uma família cuja formação religiosa e padrão moral eram muito rigorosos e críticos em relação ao senso comum da sociedade. Rogers revelava ter vivido sua infância em isolamento no convívio familiar. Chegou a afirmar:

Era socialmente incompetente em qualquer tipo de contato que não fosse superficial... Minhas fantasias eram nitidamente bizarras e se viessem a ser diagnosticadas, provavelmente seriam classificadas como esquizóides, mas felizmente nunca cheguei a entrar em contato com nenhum psicólogo. (ROGERS, 1973, p.197)

Aos vinte e dois anos de idade foi para a Universidade de Wisconsin; em seguida, iniciou seus estudos em Teologia no Union Theological Seminary, mas optou por terminar sua graduação em Psicologia no Teachers College, na Universidade de Colúmbia, onde obteve o grau de Doutor, em 1931. A vida universitária permitiu que se libertasse dos condicionamentos culturais familiares:

Pela primeira vez em minha vida encontrei aproximação e intimidade reais longe de minha família. (ROGERS, 1967, p. 349)

Quando cursava o terceiro ano em Wisconsin, Rogers foi para a China participar de uma conferência da *Federação Mundial de Estudantes Cristãos*. Nesta ocasião conheceu a jovem que seria mais tarde sua esposa e com quem teria seus dois filhos. Em seguida excursionou pela China durante seis meses:

A partir desta viagem, meus objetivos, valores, propósitos e minha filosofia passaram a ser os meus próprios, bastante divergentes das opiniões sustentadas por minha família..."(ROGERS, 1967, p. 351)

Ao libertar-se da influência dos padrões autoritários de sua família, Rogers assegurou sua autonomia emocional e intelectual. Tais conquistas pessoais reforçaram nele a crença de que os seres humanos devem ter forte confiança em si próprios, em suas experiências e convicções.

Em relação aos ensinamentos da filosofia chinesa, Rogers resume as bases de suas ideias citando Lao-Tsé:

> *Se eu deixar de interferir nas pessoas, elas se encarregarão de si mesmas,*
> *Se eu deixar de comandar as pessoas, elas se comportam por si mesmas,*
> *Se eu deixar de pregar às pessoas, elas se aperfeiçoam por si mesmas,*
> *Se eu deixar de me impor às pessoas, elas se tornam elas mesmas. (ROGERS, 1977, p. 206)*

De forma sumária, podemos acompanhar alguns aspectos relevantes da obra de Rogers, com o objetivo de buscar compreender melhor alguns antecedentes teóricos e práticos de seu profícuo trabalho como psicólogo, professor e pesquisador frente a sua compreensão da natureza humana, da dinâmica da personalidade, da motivação, da psicoterapia, do processo educativo e muitos outros temas importantes. Nesse sentido será interessante citar a contribuição de M. de La Puente que, reafirmando o que assinalou o próprio autor, mostrou os períodos significativos que deram caracterização a obra de Rogers (LA PUENTE, 1970, p. 96):

1º período: Insight (de 1940 à 1945)

2º período: Congruência (de 1946 à 1957) e

3º período: Experiência (Experiencing, de 1958 em diante)

Durante o primeiro período Rogers teve seu primeiro emprego; foi na Universidade de Rochester, New York, no Centro de Orientação Infantil, onde permaneceu durante muitos anos. Foi lá que publicou seus primeiros livros: *The Clinical Treatment of the Problem Child* (1939) e *Counseling and psychoterapy* (1942), além de muitos artigos e da famosa Conferência de Minnesota, em 1940, que La Puente chamou de *conferência-programa do rogerianismo* (LA PUENTE, 1970, p. 96) e que caracterizaram o primeiro período de seu trabalho. Nesta fase, alguns temas particularmente importantes foram abordados: o ambiente e o processo terapêutico e o que se poderia chamar de uma introdução à teoria da personalidade. O autor assinala, aqui, a importância do *insight* na reorganização da personalidade e na compreensão do comportamento humano. Nesse período a abordagem de Rogers foi conhecida como *Terapia Não-Diretiva*. Mais tarde, recebeu outra ênfase conceitual, passando à denominação de *Terapia Centrada na Pessoa*.

No segundo período, que corresponde a sua estadia na Universidade de Chicago, Rogers desenvolve sua concepção do processo terapêutico através de muitos artigos e do clássico que representa o *Client – Centered Therapy: Its Current Practice, Implications, and Theory*, (ROGERS, 1951). Seu mais importante artigo desta fase foi escrito em 1956 e publicado em 1959, sob o título de *A Theory of therapy, personality, and interpersonal relationship, as developed in the client-centered framework* (ROGERS, 1959). Nele o autor explicita, de forma mais sistemática, sua teoria da psicoterapia, da personalidade e do funcionamento ótimo da personalidade. Nesta fase Rogers substitui gradativamente as explicações trazidas pelo fenômeno do *insight* na compreensão da dinâmica do processo psicoterapêutico, por uma concepção que o leva a entender este processo como uma reformulação do autoconceito do indivíduo. Foi nesse período que Rogers obteve reconhecimento profissional tornando-se Presidente da Associação Americana de Psicologia (1946) e da Academia Americana de Psicoterapeutas (1956).

No ano de 1957 foi para a Universidade de Wisconsin como professor de psicologia, onde permaneceu até 1963. Aqui iniciou seu terceiro período. Entrou em conflito com o Departamento de Psicologia, pois, sentia que a liberdade para ensinar, assim como a liberdade para aprender dos estudantes estavam sendo limitadas.

> *Gosto de viver e deixar que vivam, mas quando não permitem que meus alunos vivam, esta experiência se torna pouco satisfatória.* (ROGERS, 1970, p. 528)

Nesse período, em 1961, escreveu o livro *Tornar-se Pessoa*. Em seguida foi para o recém-fundado *Instituto de Ciência do Comportamento* em La Jolla, Universidade da Califórnia, onde fundou o *Centro de Estudos da Pessoa*. Escreveu *Liberdade para Aprender*, em 1969.

LA PUENTE (1970, p. 134) acentua que durante esse período o próprio Autor reconhece que ocorreu alguma influência no que tange a uma conceitualização mais dinâmica do desenvolvimento da personalidade, a partir de GENDLIN (1962). Dá ênfase à ideia de experienciação (*experiencing*) como constructo que traduz o existir de maneira total - visceral e cognitivamente - como um todo em processo de fluir, de crescer, de vir-a-ser. Consiste num processo de vivenciar, de maneira imediata e organísmica, os dados da experiência que estão disponíveis à simbolização. Ocorre com a pessoa de forma única e singular. Em outras palavras, é o processo de sentir intensamente o que acontece no momento presente; é de natureza organísmica, pré-conceitual e contém significados implícitos. O conceito, o significado dos fenômenos, a simbolização, tem sua base na experienciação.

Sem dúvida, Rogers afirmou sua presença entre os mais importantes psicólogos do mundo moderno. Sua teoria da personalidade e de psicoterapia centrada na pessoa encontrou ampla aplicação no tratamento de distúrbios emocionais, na educação e no aperfeiçoamento das relações humanas onde quer que as pessoas se organizem e convivam. E, também, no trabalho dos que exercem profissões de ajuda, como psicólogos clínicos, organizacionais, educacionais, sociais e comunitários, em hospitais gerais, além de profissionais de outras áreas como, assistentes-sociais, líderes religiosos, médicos, enfermeiros, fonoaudiólogos e muitas outras atividades.

Suas ideias humanistas sobre a natureza humana, a pessoa, bem como, alguns conceitos básicos de sua teoria da personalidade e terapia, são amplamente aceitos por psicoterapeutas das mais distintas orientações psicológicas, no aconselhamento e na psicoterapia.

10

A evolução das ideias de Carl R. Rogers: a importância da *experiência* na compreensão do humano

Muitos autores dedicam-se ao estudo das teorias de personalidade e terapia na obra C. R. Rogers e há um consenso de que foi através da experiência fenomenológica na relação interpessoal que o autor foi levado a prescrutar a individualidade da pessoa e encontrar o sentido do desenvolvimento humano. Concordam, também, que o sistema teórico de Rogers não se deu de maneira sistemática, o que, aliás, se verifica em muitos outros autores de teorias psicológicas.

O ponto de partida do Autor para a edificação de sua obra é a prática, a própria experiência. Iniciou ele seu trabalho pela observação dos fenômenos, tentando compreender seu significado. Foi pela observação fenomenológica da criança, por exemplo, que Rogers descobriu a existência de uma sabedoria organísmica, afirmando:

> *...que o centro mais íntimo da natureza humana, as camadas mais profundas de personalidade, tudo isso é naturalmente positivo, racional e tendente à socialização.* (ROGERS, 1970, p.91).

A mesma fenomenologia levou-o a constatar que a experiência é avaliada através de um sistema inerente à pessoa (ROGERS, 1959, p.222). E mais, foi baseado nesta mesma fenomenologia que levantou, entre outras, a hipótese segundo a qual o critério regulador do processo de avaliação é função da tendência à realização. Ainda sob o mesmo ponto de vista, Rogers destacou o conhecimento fenomenológico do eu como instrumento profícuo para a compreensão de aspectos da natureza humana inacessíveis a qualquer outro instrumento de referencial externo (ROGERS, 1975 a, p. 223). É mediante a observação naturalista e intuitiva (ROGERS, 1970, p.110) do mundo fenomenológico da pessoa que Rogers pode formular princípios relacionados com o desenvolvimento da personalidade e, desta forma, do processo de motivação, entre outros. (ROGERS, 1970, p. 194)

Ao referir-se à pessoa, foco central de sua teoria e prática terapêutica, Rogers admite que só é possível concebê-la com certos elementos peculiares e permanentes, mas, em constante evolução. A pessoa, afirma, não é um ser estático, mas um ser existente, que surge e desabrocha, como ser emergente e em evolução. (ROGERS, 1974 a, p.106) O ser humano é uma subjetividade que vive, experiencia, sente, avalia, escolhe, acredita, atua não como um autômato, mas como uma pessoa. Dele tem origem tanto a experiência como a ciência; não pode ser subjugado, mas deve ser o valor pressuposto, a própria fonte de uma ética universal. (ROGERS, 1970, p. 191)

O núcleo da personalidade do homem é o próprio organismo, cuja essência é de manter-se e ter uma vida social. (ROGERS, 1970, p. 92) Ser núcleo ou centro da personalidade, conforme transparece no conteúdo da obra de Rogers, significa possuir em potência, no fundamento de si mesmo, os elementos que constituem e definem a pessoa. O próprio Autor atesta esta interpretação quando afirma: *Não encontrei psicoterapia eficaz quando tentei criar em outro indivíduo algo que não estava lá...* (ROGERS, 1963, p. 4) Tal frase necessariamente pressupõe a convicção de que o organismo contém em si, senão de modo realizado, pelo menos potencialmente, os elementos que definem a pessoa e seu crescimento.

Tal concepção sobre o ser humano, seu comportamento e processo de desenvolvimento foram obtidos ao longo de significativa vivência fenomenológica das relações interpessoais, por meio da cuidadosa e descritiva observação da experiência pessoal. Esse fato ofereceu a base do arcabouço de sua teoria psicológica.

Em sua obra, Rogers deu ênfase às experiências de conteúdo evidente mais do que ao profundamente reprimido. Acentuava ele a importância da compreensão da situação da pessoa no presente, ao invés da investigação de causas passadas.

Rogers acreditava que a consciência do como a pessoa se comporta a cada momento é mais relevante para a autocompreensão e a capacidade para mudança do que uma compreensão do porquê de um determinado comportamento. A ênfase do como sobre o porquê indica a importância do entendimento da experiência humana de uma maneira descritiva e não causal.

Segundo o autor a ciência tem obtido menos resultados profícuos na medida em que busca resposta à questão *por que?* do que quando restringe-se à questão *como?*.

É questionável o fato de que a pesquisa no campo da motivação, por exemplo, tenha chegado a resultados significativos na busca de respostas para questões tais como:

- Por que o homem procura comida?, ou ainda,
- Por que procura realização?

De fato, as respostas tais como *é porque ele tem um motivo ou impulso da fome* e *é porque tem um motivo ou necessidade de realização* em nada enriquecem o acervo de conhecimentos anteriormente obtidos.

Na sua justificativa, Rogers apoia-se na acepção de Galileu quando exalta o aspecto descritivo da ciência. Assim quando se deixa de levantar hipóteses a respeito do *por que?* uma pedra cai e se concentra na descrição de sua velocidade de queda e do valor de sua aceleração, ou seja, *como?* a pedra cai, então estas descrições e seus relacionamentos funcionais obtidos, realmente ensejarão novos e férteis campos de pesquisa:

> *Do mesmo modo, creio que, quando tivermos formulado e testado hipóteses sobre as condições que são necessárias e suficientes para certos comportamentos, quando compreendermos as complexas variáveis que descrevem as diversas expressões da tendência à realização do organismo, então a busca de motivos específicos desaparecerá. (ROGERS, 1963, p. 8)*

Rogers exemplifica, para demonstrar o caráter da observação ou do *como?* as mudanças ocorrem, a partir de sua própria experiência em psicoterapia relatando que clientes em relacionamentos terapêuticos bem sucedidos movem-se no sentido da realização de suas potencialidades, para longe da rigidez e em direção à flexibilidade, à autonomia e aos processos de maior vitalidade. (ROGERS, 1963, p. 9)

É com base em sua própria experiência com clientes, portanto, que Rogers relata que os fatores que facilitam tais mudanças comportamentais podem ser descritos como:

- empatia sensível e profunda comunicada pelo terapeuta;
- calor afetivo da consideração positiva pelo cliente;
- consideração positiva incondicional pelo cliente por parte do terapeuta;
- comportamento congruente do terapeuta; e
- percepção mínima pelo cliente destas qualidades no terapeuta. (ROGERS, 1963, p.11)

Esses fatores serão acuradamente explicitados então, sob a denominação de *condições necessárias e suficientes de terapia* (ROGERS, 1975 b) mais adiante no presente trabalho.

Embora reconheça, no início de sua obra, que estas formulações representem apenas uma primeira tentativa de definir alguns elementos que facilitem a mudança psicológica, para o desenvolvimento em direção à maturidade, Rogers enfatiza que há interesse em se saber das condições que precedem um determinado complexo de comportamento, tornando bem claro que questões referentes a motivos específicos parecem fúteis, como também irrelevantes para busca de objetivos. (ROGERS, 1963, p. 10)

O autor acrescenta:

> *Deixe-me resumir muito brevemente o que tenho dito até esse ponto. O organismo humano é ativo, realizador e direcional. Esta é a base de todo o meu pensamento. Uma vez que este fato é aceito, não vejo virtude em impor abstrações considerando motivos específicos sobre o comportamento complexo e multiforme do homem. (ROGERS, 1963, p. 14)*

A grande importância relevada por Rogers à experiência pessoal - intra e interpessoal - levou-o a apontar sua premissa fundamental na compreensão do humano: as pessoas usam sua própria experiência para se definir. Nesse sentido, o autor relaciona alcançar *aspectos que se integram nas categorias pessoais dos meus valores e das minhas convicções. (*ROGERS*, 1970, p. 28).* Tais premissas, claras e convincentes, dispensam quaisquer comentários ou interpretações à respeito de seus conteúdos e explicam os fundamentos atitudinais da teoria e da prática da *Terapia Centrada na Pesso*a de C. R. Rogers. São apresentadas parcialmente e em resumo, a seguir:

> ***Nas* minhas relações com as pessoas descobri que não ajuda, a longo prazo, agir como se eu não fosse quem sou.** *Não serve de nada agir calmamente e com delicadeza num momento em que estou irritado e disposto a criticar... agir como se soubesse as respostas dos problemas quando as ignoro... como se estivesse cheio de segurança quando me sinto receoso e hesitante... Não me serve de nada agir como se estivesse bem quando me sinto doente.*
>
> ...
>
> **A apreciação dos outros não me serve de guia.**
>
> *...Os juízos dos outros, embora devam ser ouvidos, e tomados em consideração pelo que são, nunca me poderão orientar. Foi uma coisa que tive dificuldade em aprender... acabei por achar que apenas uma pessoa pode saber que eu procedo com honestidade, com aplicação, com franqueza e com rigor, ou se o que faço é falso, defensivo e fútil. E essa pessoa sou eu mesmo.*
>
> ...
>
> **A experiência mostrou-me que as pessoas têm fundamentalmente uma orientação positiva.**
>
> *Nas minhas relações mais profundas em psicoterapia, mesmo com aqueles que apresentavam as mais perturbantes atitudes,*

com aqueles cujo comportamento era o mais anti-social possível, com aqueles cujos sentimentos eram menos normais, a afirmação continua a ser verdadeira. Quando consigo efetivamente compreender os sentimentos que exprimem, quando sou capaz de aceitá-los como personalidades distintas, como é seu direito nessa altura, vejo que tendem a orientar-se em determinadas direções... As palavras que julgo descreverem com maior verdade essa direção são palavras como: positiva, construtiva, tendente à realização da pessoa, progredindo para a maturidade e para a socialização. Acabei por me convencer de que quanto mais um indivíduo é compreendido e aceito, maior tendência tem para abandonar as falsas defesas que empregou para enfrentar a vida e para progredir numa via construtiva.

Eu não gostaria de ser mal compreendido. Não tenho uma visão ingenuamente otimista da natureza humana. Tenho perfeita consciência do fato de que, pela necessidade de se defender dos seus terrores íntimos, o indivíduo pode vir a comportar-se de uma maneira incrivelmente feroz, horrorosamente destrutiva, imatura, agressiva, antissocial, prejudicial. Mas não deixa de ser verdade que o trabalho que levo a cabo com indivíduos desse gênero, a pesquisa e a descoberta das tendências que estão orientadas muito positivamente neles todos, ao mais profundo nível, constituem um dos aspectos mais animadores e revigorantes da minha experiência.

A vida, no que tem de melhor, é um processo que flui, que se altera e onde nada está fixado.

É nos meus pacientes e em mim mesmo que descubro que a vida é mais rica e mais fecunda quando aparece como fluxo e como processo. Esta descoberta provoca uma fascinação e, ao mesmo tempo, um certo temor. Quando me deixo levar pelo fluir da minha experiência que me arrasta para a frente, para um fim de que estou vagamente consciente, é então que me sinto melhor. Vagando assim ao sabor da corrente complexa das minhas experiências, tentando compreender a sua complexidade em permanente alteração, torna-se evidente que não existem

> *pontos fixos. Quando consigo abandonar-me completamente a esse processo, é claro que não pode haver para mim nenhum sistema fechado de crenças, nenhum campo imutável de princípios a que me agarrar. A vida é orientada por uma compreensão e por uma interpretação variáveis da minha experiência. A vida é sempre um processo de devir... (ROGERS, 1970, pp. 28-39)*

Podemos a partir do exposto, apresentar alguns pressupostos que traduzem a particular concepção de ser humano que sustentam o arcabouço atitudinal de Rogers, a saber:

10.1 Crença na dignidade humana

Rogers acredita firmemente na dignidade e valor de cada indivíduo. Ele afirma que o homem é capaz de fazer suas escolhas e tomar suas próprias decisões e respeita o direito de cada um fazê-lo.

O pressuposto referente à dignidade humana remete à noção central do pensamento humanista: é a afirmação de que *ainda que o homem exista na história, ele não se reduz a seu papel histórico, sua vida não é determinada historicamente. Ele é o autor de sua história.*

Reafirmando a citação de Sartre de que *a existência precede à essência*, podemos dizer que o ser humano é aquilo que ele decide ser e não o resultado de um determinismo biológico instintivo (essencial) ou ambiental.

> *Como "princípio da dignidade humana" entende-se a exigência enunciada por Kant: "Age de forma que trates a humanidade, tanto na tua pessoa como na pessoa de qualquer outro, sempre também como um fim e nunca unicamente como um meio". Esse imperativo estabelece na verdade que todo homem, aliás, todo ser racional, como fim em si mesmo, possui um valor não relativo (como é, por ex., um preço) mas intrínseco, isto é, a dignidade. (ABBAGNANO, 1970), p. 259)*

Essa convicção de Rogers sobre a *crença na dignidade humana* foi uma das mais profícuas influências da Filosofia Existencial em sua obra. Foi, por exemplo, a preocupação de Kierkegaard em proteger a dignidade da pessoa contra a ameaça da manipulação e da despersonalização, feita pela ciência, pela cultura e pela economia e a consequente redução do ser humano a um objeto, que consolidou as bases verdadeiras do pensamento de Rogers frente a uma concepção de natureza humana.

Ao salientar que a *pessoa não é um autômato, mas, alguém que intui, sente, pensa, escolhe, crê, ama, age e não é redutível a um mero objeto,* VIDOR (1974, p. 24) reafirma o sentido da dignidade humana em apoio ao pensamento de Kierkegaard que destaca o foco da subjetividade existencial do ser humano.

10.2 Predomínio da Subjetividade

Para Rogers e a maioria dos autores influenciados pelo pensamento existencial, o mundo experiencial de uma pessoa só pode ser compreendido por meio da expressão direta que essa própria pessoa faz de sua situação única.

É a partir desse enfoque, sustentado fenomenologicamente, que a relação terapeuta-cliente constitui um encontro existencial entre seres humanos, em paradoxo com o clássico relacionamento médico-paciente. Dessa forma, as pessoas criam e constituem seus próprios mundos, ou seja, a realidade existe para elas, subjetivamente, como sua própria descoberta do mundo.

É de ROGERS (1977) a afirmação:

> *Entre as minhas atitudes e concepções fundamentais, existe uma que se deve levar em conta, de modo particular, na ava-*

liação de minhas teorias. É minha fé na primazia da ordem subjetiva. O homem vive, essencialmente, num mundo subjetivo e pessoal e mesmo as mais objetivas - seus esforços científicos, matemáticos, etc, - representam a expressão de fins subjetivos e de escolhas subjetivas. (ROGERS, 1959, p. 191)

Dessa forma, em apoio ao predomínio da subjetividade podemos acrescentar que o ser humano não é um mero objeto ou autômato que pode ser analisado ou manipulado, mas:

> *Uma subjetividade organísmica que se escuta e respeita, porque dela tem origem tanto a experiência como a ciência, não pode ser subjugada a valores produzidos por ela, mas deve ser o valor pressuposto e a fonte de todos os valores. (VIDOR, 1974, p. 95)*

10.3 O homem é digno de confiança

Rogers com base na sua vasta experiência clínica como psicoterapeuta, como professor e como pesquisador fiel do comportamento humano, afirma firmemente sua visão otimista, positiva, não-ingênua, da natureza humana. Para o autor, o homem é basicamente orientado para determinadas direções que, por sua vez, podem ser descritas com palavras como: construtiva, tendente à realização da pessoa, progredindo para a maturidade e para a socialização e, portanto, digno de confiança.

> *Um dos conceitos mais revolucionários que se destacaram da nossa experiência clínica foi o reconhecimento progressivo de que o centro mais intimo da natureza humana, as camadas mais profundas da sua personalidade, a base da sua "natureza animal", tudo isso é naturalmente positivo - fundamentalmente socializado, dirigido para diante, racional e realista. (ROGERS, 1970, p. 91)*

Entretanto, Rogers está muito consciente de que o homem às vezes se comporta de modo indigno de confiança, às vezes até de forma muito destrutiva. O homem é certamente capaz de enganar, odiar, ser cruel e destrutivo. Mas o autor vê todas essas características desagradáveis como resultados de uma posição defensiva que aliena o homem de sua própria natureza, assim como, o produto de um *pervertido condicionamento social*. A medida que essa atitude de defesa diminui e ele se torna mais sensivelmente aberto a todas as suas experiências organísmicas, o homem tende a comportar-se de modo social e confiável.

> *Somente a pouco e pouco se foi tornando evidente que esses sentimentos ferozes, hostis e associais não são nem os mais profundos nem os mais fortes e que o núcleo da personalidade do homem é o próprio organismo, que quer essencialmente estas duas coisas: conservar-se a si mesmo e ser social. (ROGERS, 1970, p. 92)*

De fato, as pessoas podem se comportar de maneira violenta, falsa, desonesta, entretanto, tais aspectos negativos não lhes pertencem, ou seja, não fazem parte inerente de sua natureza humana. São qualidades oriundas do déficit social evidenciado nas precárias políticas públicas voltadas para a saúde, a educação, a habitação, as relações de produção, entre outras e que aviltam a dignidade e a liberdade dos cidadãos. Tal déficit é o principal fator responsável pela perversão das tendências positivas do ser humano, bem como, pela banalização do valor da vida e da violência generalizada na sociedade.

O comportamento perverso que encontramos em algumas pessoas, tragicamente indiferentes com o sofrimento alheio é, sem dúvida, decorrente de perturbados processos de identificação com o semelhante, precariamente desenvolvidos desde os primeiros anos da infância. A criança tratada com hostilidade, abandono e carências severas, pelos pais ou outros cuidadores poderá tornar-se afetivamente indiferente e insensível no contato das relações pessoais. Tal deficiência de identificação na construção da personalidade não pode ser creditada a pulsões naturais ou instintivas, como parte da natureza humana, ao contrário, é algo tragicamente construído ao longo da vida, desde seus primórdios.

Ninguém é por si próprio, construído ou construído por outrem, mas, resultado de um relacionamento transacional onde as pessoas se constroem mutuamente, se co-constroem.

10.4 O homem é mais sábio do que seu intelecto

Rogers confiava plenamente na *sabedoria do organismo*, ou seja, que o homem é mais sábio do que seu intelecto; mais sábio do que seu pensamento consciente e racional. O autor reafirma a sua confiança no processo intuitivo ditado pelas estruturas mais profundas da cognição:

> ***Posso ter confiança na minha experiência.***
>
> *Um dos princípios fundamentais que levei muito tempo a reconhecer e que continuo ainda a aprofundar é a descoberta de que, quando sinto que uma atividade é boa e que vale a pena prossegui -la, devo prossegui-la. Por outras palavras, aprendi que a minha apreciação total <<organísmica>> de uma situação é mais digna de confiança do que o meu intelecto.* (ROGERS, 1970, p. 33)

Quando o homem está atuando não-defensivamente e de forma produtiva, ele confia em sua reação organísmica total, o que, muitas vezes, resulta em julgamentos melhores, embora mais instintivos do que o pensamento consciente por si só.

A noção de experienciação (*experiencing*) se inclui entre os principais constructos da teoria de personalidade e psicoterapia de Rogers. Esta noção, diz o autor:

> *... se refere a tudo que se passa no organismo em qualquer momento e que está potencialmente disponível à consciência... engloba, pois, tanto acontecimentos de que o indivíduo é consciente quanto os fenômenos de que é inconsciente. (ROGERS, 1959, p. 197)*

A experienciação que aqui nos referimos diz respeito primordialmente a dados imediatos da consciência e não a uma acumulação de experiências passadas. Relaciona-se, pois, com o aspecto vívido e presente, ativo e mutável dos acontecimentos sensoriais e fisiológicos que se produzem no organismo, em um dado momento.

A experiência pessoal intuitiva, como uma voz interior oriunda do mais íntimo do ser, tem para Rogers a *suprema autoridade*:

> *A minha própria experiência é a pedra de toque de toda a validade. Nenhuma ideia de qualquer outra pessoa, nem nenhuma das minhas próprias ideias tem a autoridade que reveste a minha experiência. É sempre à experiência que eu regresso, para me aproximar cada vez mais da verdade, no processo de descobri-la em mim. Nem a Bíblia, nem os profetas – nem Freud, nem a investigação – nem as revelações de Deus ou dos homens – podem ganhar precedência relativamente à minha própria experiência direta. (ROGERS, 1970, p. 35)*

São esses valores e convicções, tão honestamente enunciados, que podemos encontrar em toda trajetória de sua obra, particularmente nos conceitos centrais de sua teoria psicológica e de psicoterapia. Estão presentes implícita ou explicitamente nos conceitos de *tendência à realização* (*actualizing tendency*) como constructo motivacional, da *estrutura do Eu* ou SELF, como núcleo central da personalidade, na definição de saúde e de doença psicológica ou *Congruência e Incongruência* entre o Eu e a experiência, nas *condições necessárias e suficientes de terapia*, entre outros.

11

Noções centrais sobre motivação humana ao longo da obra de C. R. Rogers: a Tendência à Realização (*ACTUALIZING TENDENCY*)

Durante a primeira parte de sua obra, desde o início da década de 40, Rogers referiu-se muitas vezes a termos como impulsos, potencialidades, tendências e capacidade para designar a natureza e qualidade daquele fenômeno que, mais tarde, chamaria de tendência à realização e que tornaria plausível o seu constructo motivacional. O autor dá realce à capacidade do ser humano para *enfrentar a vida e ascender a novos níveis de integração* (ROGERS, 1974 b, p. 52), para *gerar ação construtiva* (ROGERS, 1949, p. 94), para se *desenvolver em direção a uma vida mais plena e mais realizada* (ROGERS, 1975 a, p. 49) e *para reorganizar a si próprio e à sua relação com a vida, na direção da autorrealização e maturidade, de tal forma que possa ter como resultado um maior grau de confiança interna.* (ROGERS, 1954, p. 4)

Segundo Rogers, o processo terapêutico é a efetivação pelo indivíduo, num clima psicológico favorável, de novos passos na direção de seu crescimento e desenvolvimento para a maturidade, propensão esta existente a partir do momento de sua concepção. Estas forças inatas, diz ele, que suscitam o desenvolvimento e a aprendizagem são as forças primárias em que o terapeuta deve confiar. (ROGERS, 1975 a, p. 197)

O autor afirma que é esta tendência inerente a toda vida orgânica - e portanto também a humana - que leva o indivíduo a crescer e desenvolver-se, tornar-se autônomo e maturo. Dá realce aqui à noção de Tendência à Realização (*actualizing tendency*) como o único motivo que está postulado neste sistema teórico e que, além de incluir motivação no sentido de redução de necessidades, de tensões e de impulsos, abrange também, motivação de crescimento que significa procura de situações agradáveis, tendências a ser criativo e aprender. (ROGERS, 1959, p. 196) É, portanto, uma força (vetor) organísmica básica em direção a um desenvolvimento cada vez maior de potenciais inerentes à natureza humana.

Sugere o Autor que em cada ser humano há um impulso natural, em direção a ser competente e capaz quanto ao que está apto a ser biologicamente. Assim como uma planta que tenta torna-se saudável, como uma semente que contém dentro de si o impulso para se tornar uma árvore, também uma pessoa é impelida a se tornar uma pessoa total, completa e autorrealizada.

11.1 O conceito de Tendência à Realização como constructo motivacional

Com base na evolução das ideias de Rogers sobre o que motiva o comportamento do ser humano e seu processo de desenvolvimento, podemos conceituar a Tendência à Realização como parte essencial do constructo

Motivação na obra de Rogers. Essa afirmação pode ser confirmada por meio dos seguintes textos do Autor:

> *É esta tendência básica para a manutenção e desenvolvimento do organismo e do eu que fornece a força motivadora de tudo o que descrevemos. (ROGERS, 1975 a, p. 197)*
>
> *Deve ser notado que esta tendência básica de realização é o único motivo que está postulado neste sistema teórico. (ROGERS, 1959, p. 196)*
>
> *Foram considerações deste tipo que me levaram a formular a tendência à realização como constructo de motivação em minha própria teoria de personalidade e terapia. (ROGERS, 1963, p. 3)*

11.2 Características funcionais da Tendência à Realização

Podemos, a seguir, apresentar algumas especificações da Tendência à Realização, sempre a partir da análise das formulações encontradas na obra de Rogers.

Tais citações são o resultado de estudos sistemáticos da motivação humana na obra de C. R. Rogers e publicadas por FIEDLER (1982 e 2012).

a) A tendência à realização é inerente a todos os organismos vivos.

> *... se conclui que a criança é vista como equipada como um sistema inato de motivação (a tendência à realização própria de todo ser vivo... (ROGERS, 1959, p. 222)*

b) A tendência à realização é direcional: desenvolve-se com vistas à realização, à manutenção e ao aperfeiçoamento do organismo.

> *... e que é talvez melhor conceituado como uma tendência em direção à realização, manutenção e aperfeiçoamento do organismo. (ROGERS, 1963, p. 6)*

c) A tendência à realização desenvolve-se para a autonomia, afastando-se da heteronomia.

> *... É o desenvolvimento em direção a autonomia e afastado da heteronomia, ou controle, por forças externas... (ROGERS, 1963, p. 3)*

d) A tendência à realização, desenvolve-se no sentido da reprodução e manutenção da espécie.

> *... pode-se contar que os comportamentos de um organismo serão conduzidos na direção da manutenção, aperfeiçoamento e reprodução de si próprio. Isto é o mais natural do processo que chamamos "vida". (ROGERS, 1963. p.3)*

e) A tendência à realização ao desenvolver-se possibilita a criatividade.

> *É esta tendência que é a motivação primária da criatividade, quando o organismo forma novas relações com o ambiente num esforço para ser mais plenamente ele próprio. (ROGERS,1970,p.302)*

f) A tendência à realização é função do organismo como totalidade.

> *...minha convicção de que há uma fonte central de energia no organismo todo ao invés de em uma parte dele... (ROGERS, 1963, p.6)*

g) A tendência à realização é seletiva.

> *O organismo não tende, como Leeper explicou, a desenvolver sua capacidade para a aversão, nem reali- zação de sua potencialidade para causar dor. Apenas sob circunstâncias incomuns ou pervertidas estas potencialidades tornam-se realizadas. É claro que a tendência à realização é seletiva e direcional, uma tendência construtiva, se você desejar (ROGERS, 1963, p. 5-6)*

h) A tendência à realização possui um caráter construtivo.

> *- A lição é simplesmente esta: a experiência mostrou-me que as pessoas têm fundamentalmente uma orientação positiva... As palavras que julgo descreverem com maior verdade essa direção são palavras como: positiva, construtiva, tendente à realização da pessoa, progredindo para a maturidade e para a socialização. (ROGERS, 1970, p.241-242*

i) A tendência à realização possui um caráter abrangente, unificante e polimorfo, dela emergindo necessidades à medida que o organismo encontre, através delas, oportunidades para alcançar seus objetivos.

> *Assim, para mim é significativo dizer que o "substratum" de toda motivação é a tendência organísmica em direção à realização. Esta tendência pode expressar-se por si só como a mais larga expressão do comportamento, e em resposta a uma variedade muito extensa de necessidades. (ROGERS, 1963, p6)*

Além dessas qualidades positivas da Tendência à Realização, Rogers, em alguns pontos de sua obra, refere-se a potencialidades para a autodestruição ou para causar a dor - o que nada tem de construtivo e racional - e que estas somente apareceriam sob circunstâncias incomuns ou pervertidas. (ROGERS, 1963, p. 5-6) Na realidade o que o autor chama de potencialidades destrutivas, nada mais são do que a manifestação de processos de defesa. (ROGERS, 1970, p. 38)

Finalmente, considerando o conceito de desenvolvimento humano como um processo contínuo de aperfeiçoamento, integração e realização de potencialidades inerentes a todo ser humano, podemos chegar a seguinte proposição:

Todo ser humano é dotado de potencialidades de caráter racional e construtivo e tendência à sua realização. Esta constitui um sistema inato, energético e direcional, que se traduz através de um processo único de motivação. (FIEDLER, 1982, p. 175)

Em síntese:

Todo ser humano é dotado de potencialidades e tendência à sua realização. (FIEDLER, 1982, p. 183)

Tal enunciado considera a proposta de contextualizar o conceito de Tendência à Realização (actualizing tendency) como parte essencial do constructo Motivação na obra de C. R. Rogers.

11.3 A tendência à realização e suas implicações no processo educacional

O processo de motivação tem uma importância muito grande no campo pedagógico. Quando afirmamos que a motivação humana, como se apresenta na obra de Rogers, é um elemento mais intrínseco, pois depende mais de forças internas - aspecto energético e direcional da tendência à realização - do que extrínseco ao organismo, a situação ensino-aprendizagem toma novas dimensões.

MAHONEY (1976) em seu trabalho de análise lógico-formal dos princípios de aprendizagem humana na obra de C.R. Rogers, conclui que há uma teoria de aprendizagem em sua obra. Um dos princípios dessa teoria é *Todo aluno tem potencialidade para aprender e tendência a realizar essa potencialidade.* (MAHONEY, *1976, P. 91)*

Esse princípio é um desdobramento da afirmação proposta por ROGERS (1971): *Os seres humanos têm uma potencialidade natural para aprender (p.153)*, o que deixa implícitas duas ideias complementares: potencialidade para aprender e tendência a realizar essa potencialidade.

Com base nesses princípios, podemos concluir que de todos os seres humanos e, entre eles do aluno, aflora espontaneamente a potencialidade de aprender, afirmar-se e progredir e que a tendência natural de buscar o conhecimento como fonte de motivação, da aprendizagem e do crescimento reside no interior da pessoa.

Dessa forma, a aprendizagem é uma das manifestações do princípio direcional do desenvolvimento humano no sentido de sua realização e aperfeiçoamento. A potencialidade natural para aprender manifesta o princípio ativo de uma motivação intrínseca presente no homem, ou seja, o modo pelo qual a tendência à realização se traduz através da motivação. Diante disso, a atitude do professor deverá ser de confiança na tendência para aprender de seus estudantes. Sua função consistirá em desenvolver uma saudável relação pessoal e criar um clima tal em sua aula em que as tendências naturais do indivíduo cheguem à maturidade. Confiar no aluno, relacionar-se com ele como pessoa, significa respeitar sua liberdade e dignidade como ser humano, compreendê-lo e permitir que desenvolva sua autonomia e iniciativa.

É importante que o professor crie um clima propício, humano, de poucas ameaças do ambiente, em que não se impõe os próprios valores, mas se procura respeitar os valores de cada aluno. Este clima facilitará que eles possam reorganizar-se, abrindo-se para acolher, tanto sua própria experiência, como para compreender melhor seu ambiente e acolher os outros.

A preocupação fundamental do professor não é de saber como ensinar, mas de como se pode ajudar alguém a aprender; como criar uma ambiência que possibilite o desabrochar de uma personalidade autêntica, integrada, criadora, social, capaz de assumir a responsabilidade de empenhar-se verdadeiramente em seu próprio desenvolvimento. Sua tarefa é a de tornar-se um *facilitador* da aprendizagem.

Finalmente, quando esse professor, como facilitador, empreende, mesmo em grau modesto, um relacionamento em sala de aula caracterizado pelo que possa significar autenticidade, apreço e empatia; quando confia na tendência construtiva das pessoas e do grupo; descobre, então, que inaugurou uma revolução educacional. Ocorre uma aprendizagem de qualidade diferente. A aprendizagem transforma-se em vida, e vida mais existencial (ROGERS, 1971, p. 115)

12

A dinâmica da personalidade e o comportamento humano

Identificamos, até essa altura, a Tendência à Realização como o principal constructo Motivação da teoria de personalidade e terapia, obtivemos algumas proposições referentes à concepção de organismo humano, suas potencialidades e seu processo de experienciação.

Relativo a esse processo podemos afirmar que a experiência é tudo o que é potencialmente disponível à consciência. O comportamento humano é, portanto, essencialmente o resultado da tendência à realização do organismo da maneira como ele experiencia esta realização. Concluímos, dessa forma, que o mundo de experiências é o campo perceptivo do indivíduo e a sua realidade.

> *... Todo indivíduo existe num mundo de experiências do qual é o centro e que está em permanente mudança. (ROGERS, 1975 a, p. 467)*

> *... O organismo reage ao campo perceptivo tal como este é experienciado e apreendido. Este campo é, para o indivíduo, realidade. (ROGERS, 1975 a, p. 468)*

Resta-nos agora, compreender a dinâmica do desenvolvimento da personalidade segundo os objetivos indicados pela Tendência à Realização como sua principal força motivadora. Para isso necessitamos da compreensão dos processos biológicos inatos de controle (processo de avaliação organísmica) e dos processos perceptuais (Estrutura do Eu, Autoconceito, SELF) relacionados com o fenômeno da experienciação como reguladores do desenvolvimento na direção prevista pela tendência à realização.

12.1 Processo de avaliação organísmica

Desde o início de sua obra, Rogers, enfatiza a existência no ser humano de um sistema natural, inato, de regulação da própria experiência. Acrescenta ele: *O melhor ângulo para a compreensão da conduta é a partir do quadro de referência interno do próprio indivíduo.* (ROGERS, 1975 a, p. 477)

Mais tarde, o Autor evolui da noção primitiva de um quadro interno de referência para a noção mais sofisticada de uma base organísmica de valorização com características de um processo organizado de caráter biológico, ou seja, não uma função consciente ou simbólica.

Esse processo de avaliação organísmica pode ser considerado semelhante a um sistema de controle da experiência de caráter cibernético, ou seja, de regulação por *feedback*:

> *Processo de avaliação organísmica. Esta noção é relativa a um modo de avaliação que, semelhante a um processo ou a um desenvolvimento, não para de evoluir, de mudar... a experiência é avaliada levando-se em conta as necessidades de conservação e de aperfeiçoamento, tanto do organismo quanto do eu,*

no presente imediato e no futuro. É a tendência à realização que serve de critério ao processo de avaliação organísmica. (ROGERS, 1959, p, 210)

E ainda:

Esta ponderação complexa da experiência é, nitidamente, uma função organísmica, e não uma função consciente ou simbólica. (ROGERS, 1976 a, p. 16)

Podemos concluir, dessa forma, que o ser humano possui um sistema inato de controle da experiência, representado pelo processo de avaliação organísmica e que a Tendência à Realização constitui o critério referencial para tal processo.

Como desdobramento desse processo inato de avaliação organísmica, Rogers, enfatiza que todo ser humano possui um locus de avaliação de suas experiências, que se refere à fonte dos critérios aplicados pelo mesmo na avaliação de suas experiências.

Isso significa que, quando o indivíduo aplica a escala de valores inerentes à própria experiência organísmica, o locus avaliativo está dentro dele. Nesse caso o indivíduo avalia sua experiência segundo os próprios valores organísmicos.

Por outro lado, quando aplica a escala de valores de outra pessoa, o locus avaliativo está fora dele, isto é, o seu locus avaliativo encontra-se na outra pessoa. Nesse caso o indivíduo avalia sua experiência segundo os valores de outra pessoa.

Centro de avaliação. Esta noção refere-se à fonte dos critérios aplicados pelo indivíduo na avaliação de suas experiências. Quando esta fonte é interna, inerente à própria experiência, diz-se que o centro de avaliação está no próprio indivíduo. Ao contrário, quando aplica a escala de valores de outra pessoa, dizemos que o centro de sua avaliação se situa em outra pessoa. (ROGERS, 1959, p.210)

Podemos, assim, aceitar que a Tendência à Realização desenvolve-se no sentido de conferir autonomia ao indivíduo. Dessa forma, o locus avaliativo tende a assegurar que a pessoa evolua para valores inerentes a sua própria experiência organísmica ou, ao contrário, em flagrante oposição às características da Tendência à Realização.

Finalmente, ainda relacionado com a questão do *locus avaliativo* de Rogers, é oportuno citar o estudo sobre a *Consciência, convocação do homem para si mesmo*, em que FROMM (1983) refere-se à consciência *autoritária* e *humanista*, cuja diferenciação segue a distinção entre ética autoritária e ética humanista. A consciência autoritária é a voz de uma autoridade externa que foi interiorizada - os pais, o cônjuge, o líder religioso, a Igreja, o Estado, a opinião pública, a mídia, ou quaisquer que sejam as autoridades na cultura considerada. A conduta, oriunda dessa consciência é oportunista e regulada pelo medo de punição ou pela esperança de recompensa. As experiências que as pessoas julgam traduzir-se em sentimento de culpa, produto de sua consciência, não passam de fato, de seu temor a essas autoridades. A consciência humanista, por outro lado, é a própria voz interior da pessoa, presente em todo ser humano e independente da sanção ou recompensa externas. Tal consciência humanista traduz-se na expressão do verdadeiro EU, ou seja, é a essência de nossas autênticas experiências éticas na vida. É a expressão de nossos reais objetivos de vida - como a felicidade - e dos princípios por meio dos quais podemos atingi-los. A consciência autoritária, por sua vez está relacionada com a obediência irracional e o dever do indivíduo com seu *ajustamento social.*

12.2 Proposições relativas à dinâmica da personalidade

Na compreensão da dinâmica da personalidade, pelo menos, três fatores se destacam:

a) **Fator energético:** o que motiva o desenvolvimento? Que forças internas atuam no organismo como um todo para impulsioná-lo em direção ao seu alvo?
b) **Fator direcional:** Qual ou quais são os alvos a serem alcançados como metas prioritárias do desenvolvimento?
c) **Fator regulador:** Quais os mecanismos psíquicos que atuam na regulação das escolhas conscientes ou não – que determinam os inúmeros e possíveis caminhos quc o indivíduo encontra para alcançar seus objetivos direcionais?

Como visto anteriormente, na abordagem *Centrada na Pessoa* o fator energético se traduz na Tendência à Realização (actualizing tendency) do organismo como um todo, o fator direcional se explica por meio da busca incessante de autorrealização, ou seja, tornar real o que é potencial no ser e o fator regulador do processo se dá pelos processos perceptuais de si e do mundo - o SELF. Desse conceito, evolui-se para a compreensão dos estados de saúde e doença, ou seja, de Congruência e Incongruência do EU.

12.3 Estrutura do EU ou SELF

A noção de Estrutura do EU, também denominada SELF, emerge a fim de explicitar a função da percepção na direção do processo de desenvolvimento e como parte essencial e diferenciada da experiência vivida pelo organismo.

> *... Uma parte do campo total da percepção vai-se diferenciando gradualmente como Eu. (ROGERS, 1975, p. 480)*

> *Como resultado da tendência à diferenciação, que constitui um aspecto da tendência à realização, um certo segmento da experiência se diferencia e se simboliza na consciência. Este segmento simbolizado corresponde à consciência de existir e de agir enquanto indivíduo e pode se descrever como a experiência do Eu. (ROGERS, 1959, p. 223)*

Como consequência da interação entre o organismo e o meio uma parte da experiência organísmica diferencia-se paulatinamente e se constitui na experiência de si como parte da experiência total vivida.

> *Em consequência da interação entre o organismo e o meio, esta consciência de existir e de agir se organiza gradativamente para formar a estrutura do Eu que, enquanto objeto da percepção, faz parte do campo da experiência total. (ROGERS, 1959, p. 223)*

A experiência de si mesmo, portanto, é uma configuração composta de percepções relativas ao Eu, ás relações do Eu com o outro e com o mundo e aos valores com os quais o próprio indivíduo avalia estas percepções. Tal configuração dinâmica, denominada *estrutura do EU ou SELF*, é constituída de percepções disponíveis à consciência ou passíveis de simbolização e encontra-se em processo contínuo de mudança

Experiência de si. Esta noção, introduzida por Standal, abrange todos os fatos e acontecimentos do campo fenomenológico que o indivíduo reconhece como sendo relacionados com o Eu (self, me, I). De uma maneira geral a experiência de si constitui a matéria de que é formada a estrutura experiencial chamada autoconceito. (ROGERS, 1959, p. 200)

O "Eu". Conceito do Eu. Estrutura do eu. Estes termos servem para designar a configuração experiencial composta de percepções relativas ao Eu, as relações do eu com o outro, com o meio e com a vida, em geral, assim como os valores que o indivíduo atribui a estas percepções. (ROGERS, 1959, p. 200)

Esta configuração experiencial está sempre disponível à consciência, ainda que não seja necessariamente consciente. Ela se encontra em fluxo contínuo e em constante mudança; é sempre um processo. (ROGERS, 1959, p. 200)

Nas formulações anteriores admite-se a existência de uma tendência à realização do EU. Esta é entendida como uma manifestação global no indivíduo admitido como um todo. Com o seu desenvolvimento há uma diferenciação parcial do organismo que Rogers denomina estrutura do Eu. Sendo esta uma parte diferenciada do organismo, naturalmente, ainda estará sob a ação da mesma tendência à realização, denominada, então *tendência à realização do EU.*

Tendência à realização do eu. Considerando-se que a tendência à realização rege todo o organismo, ela se exprime igualmente no setor da experiência que corresponde à estrutura do eu. (ROGERS, 1959, p. 196)

Em suma, podemos dizer que o autoconceito, o SELF ou estrutura do Eu é um importante constructo para o sistema teórico centrado-no-cliente

Para Rogers, é um conceitual gestáltico organizado, que consiste na percepção descritiva (autoimagem) e avaliativa (autoestima) que o indivíduo tem de si mesmo sozinho e de si mesmo em relação a outras pessoas e objetos em seu ambiente. O autoconceito nem sempre está na consciência, mas sempre existe para ela. Isto é, o autoconceito, por definição, não considera a imagem e a avaliação que o indivíduo faz de si mesmo inconscientemente, ou seja, que não estão ao alcance da consciência. O autoconceito é considerado fluido, mais um processo do que uma entidade, mas, em um dado momento, é uma entidade fixa. Sua formação se dá através das experiências de relacionamento interpessoal desde a mais tenra infância.

O auto-conceito, apresentado de modo mais informal, é a figura que o indivíduo tem de si próprio, juntamente com sua avaliação dessa figura:

Autoimagem + Autoestima = Autoconceito ou SELF

Para melhor compreensão dos processos perceptuais descritivos e avaliativos do EU podemos admitir que o SELF de uma pessoa pode variar dentro de um *continuum* entre SELF positivo e SELF negativo. O SELF mais positivo expressa:

- Congruência interna (fidelidade consigo próprio e com o outro);
- Sentido de respeito pessoal e dignidade;
- Consciência de liberdade e independência;
- Sentido de autonomia;
- Confiança em si mesmo;
- Sentido de produtividade pessoal e competência;

- Maior definição de identidade;
- Capacidade de amar, tornar-se íntimo, solidarizar-se;
- Compromisso em assumir responsabilidade e engajamento;
- Aceitação do próprio momento histórico;
- Uma maior experiência *organísmica*;
- Percepção realística do mundo.

A reorganização do SELF é um dos objetivos primordiais da psicoterapia centrada-no-cliente

Para ROGERS (1959, p. 165), *o conjunto das características que o indivíduo mais gostaria de poder reclamar como descritivas de si mesmo*, caracteriza o que podemos chamar de *SELF ideal*. Assim como o SELF, ele é uma estrutura móvel e variável, que passa por redefinição constante. A extensão da diferença entre o SELF e o SELF ideal é um indicador de desconforto, insatisfação e dificuldades neuróticas. Aceitar-se como se é na realidade, e não como se quer ser, é um sinal de saúde mental. Aceitar-se não é resignar-se ou abdicar de si mesmo; é uma forma de estar mais perto da realidade, de seu estado atual. A imagem do SELF ideal, na medida em que se diferencia de modo claro do comportamento e dos valores reais de uma pessoa é um obstáculo ao crescimento pessoal. Assim, a defasagem entre o *que eu sou* e *como eu gostaria de ser* é um importante indício do grau de aceitação ou de consideração positiva que o indivíduo tem em relação a si mesmo.

12.4 Necessidade de Consideração Positiva

A partir da evolução da estrutura do Eu, a pessoa desenvolve necessidades de *consideração positiva*: aceitação e apreço da parte de outrem e de si mesmo, ou seja, hetero e autoconsideração. Estas e as demais noções emergentes da Tendência à Realização já abordadas (potencialidades construtivas, experienciação, processo de avaliação organísmica e estrutura do eu), bem como as que serão a seguir tratadas, possibilitam a compreensão do processo dinâmico da personalidade. Tais necessidades traduzem uma aceitação e valorização sociais que todo indivíduo almeja por parte de seus pares e de si mesmo.

> *À medida que o conceito do Eu emerge, desenvolve-se no indivíduo uma necessidade de consideração positiva. Esta necessidade é universal, considerando-se que ela existe em todo o ser humano e que se faz sentir de uma maneira contínua e penetrante. (ROGERS, 1959, p. 223)*

> *No geral, consideração positiva é definida como incluindo atitudes de cordialidade, amizade, respeito, simpatia, aceitação. O indivíduo que se percebe como o objetivo da consideração positiva por parte de uma outra pessoa, se dá conta de que afeta o campo experiencial dessa outra pessoa de uma maneira positiva. (ROGERS, 1959, p. 207)*

Por outro lado, a consideração positiva por outrem e a autoconsideração podem ser condicionais e incondicionais:

Condicionais quando condições são estabelecidas na apreciação de outrem ou de si mesmo. Nesses casos tais necessidades estão em desacordo com o processo de avaliação organísmica.

Incondicionais quando a aceitação e apreciação por outrem e por si mesmo não estabelecem restrições; a pessoa é aceita e valorizada pelo que é de fato, simples e autenticamente. Aqui as necessidades estão em sintonia com o processo de avaliação organísmica.

> *Em linguagem menos complicada, experimentar um sentimento de consideração positiva incondicional a respeito de uma pessoa significa "apreciar" esta pessoa... Isto significa que o indivíduo é estimado como pessoa e independente dos critérios que se poderia aplicar aos diversos elementos de seu comportamento. (ROGERS, 1959, p. 208)*

12.5 Desenvolvimento dos processos defensivos

As experiências que ocorrem na vida do indivíduo podem ser:

a) Simbolizadas corretamente (aprendidas e organizadas em relação à estrutura do Eu)

b) Ignoradas (porque não percebidas como relacionadas com o Eu) e

c) Recusadas à simbolização ou simbolizadas de forma distorcidas (porque a experiência é incompatível com a estrutura do Eu).

Esse último - item c - refere-se aos fenômenos que decorrem dos processos de defesa.

> *À medida que vão ocorrendo experiências na vida de um indivíduo, estas são: simbolizadas, aprendidas e organizadas numa certa relação com o Eu; b) ignoradas por que não se capta a relação com a estrutura do Eu; c) recusadas à simbolização ou simbolizadas de uma forma distorcida porque a experiência é incoerente com a estrutura do Eu. (ROGERS, 1975, p. 486)*

Os processos de defesa, que visam manter a estrutura do Eu e as condições impostas à avaliação, dão origem a uma percepção seletiva que distorce e/ou recusa parcial ou totalmente a simbolização da experiência. Tais experiências que não estão de acordo com a estrutura do Eu ou com as condições que imperam no processo de avaliação são reconhecidas como ameaçadoras.

> *Defesa. Comportamento defensivo. A defesa representa a reação do organismo à ameaça. A finalidade da defesa é manter a estrutura do Eu.*
>
> *A defesa atua por meio da distorção perceptual e visa reduzir o estado de incongruência existente entre a experiência e a estrutura do Eu, ou a recusar certos elementos ameaçadores e, assim negar a existência da ameaça. (ROGERS, 1959, p. 204)*

Dessa forma, o SELF é seletivo, pois as experiências compatíveis com ele são admitidas dentro do campo fenomenológico (ou campo experiencial) da pessoa e atribuem significado à sua percepção da realidade. Aquelas incompatíveis são defensivamente excluídas ou deformadas em sua realidade.

Essa seleção de experiência aceitas e não-aceitas, indica o grau de *abertura à experiência* da pessoa frente ao mundo.

Podemos dizer, então, que determinada pessoa *tem uma ampla visão do mundo* ou, ao contrário, *está confusa ou cega na sua percepção da realidade*.

O indivíduo que se encontra sob a ação de um processo de defesa tem seu comportamento caracterizado por:

a) Avaliação condicional de sua experiência;

b) Baixo nível de autoconsideração positiva incondicional;

c) Simbolização incorreta, causada pela percepção distorcida ou omissão dos dados da experiência; e

d) Rigidez perceptual causada pelo exposto no item c, anterior.

> *As consequências gerais do processo de defesa são as seguintes: rigidez perceptual, causada pela necessidade de deformar certos dados da experiência; simbolização incorreta da realidade, causada pela distorção e pela omissão de certos dados: ausência de discriminação ou discriminação perceptual insuficiente (intensionality) (ROGERS, 1959, p. 227)*

Da mesma forma, o indivíduo cuja experiência é suscetível de ser simbolizada corretamente está aberto à experiência.

> *Quando uma experiência pode ser simbolizada livremente, sem ser recusada ou distorcida pela ação das defesas, diz-se que ela é acessível ou disponível à consciência. (ROGERS, 1959, p. 198)*

> *Abertura à experiência. O indivíduo que não experimenta sentimento algum de ameaça é considerado como sendo aberto à sua experiência. A atitude de abertura é, pois, oposta à atitude de defesa... Qualquer que seja sua origem, interno ou externo, refere-se sempre a um estado psíquico que permite a todo estímulo percorrer o sistema nervoso inteiramente, sem ser distorcido ou recusado por algum mecanismo de defesa. (ROGERS, 1959, p. 206)*

12.6 Estados e processos de Congruência e Incongruência entre o EU e a experiência (Saúde e doença)

Quando o indivíduo age de acordo com o que experiencia seu organismo, vive um estado de harmonia entre a estrutura do Eu e sua experiência. Tal indivíduo encontra-se em estado de congruência. Em caso contrário tem-se a incongruência. Ambos estados representam os extremos de um continuum.

12.7 Congruência

O estado de congruência ocorre quando as experiências do indivíduo são corretamente simbolizadas e integradas na estrutura do Eu. Nesse caso há acordo, harmonia e convergência entre a experiência do Eu e a experiência do organismo, ou seja, a tendência à realização funciona de maneira relativamente unificada.

> *Quando as experiências relativas ao Eu são corretamente simbolizadas e integradas na estrutura do Eu ou autoconceito, há congruência entre o eu e a experiência. Se absolutamente todas as experiências de um indivíduo fossem corretamente simbolizadas e integradas no eu, este indivíduo funcionaria de modo pleno. (ROGERS,1959, p. 206)*

Este estado de congruência transparece na sintonia do indivíduo com seus processos organísmicos internos. Pode, então, ser definida como o grau de convergência entre a experiência da comunicação e a tomada de consciência. Ela se relaciona às discrepâncias entre experienciar e tomar consciência. Um alto grau de congruência significa que a comunicação (o que você está expressando), a experiência (o que está ocorrendo em seu campo fenomenológico) e a tomada de consciência (o que você está percebendo) são todas semelhantes.

O desenvolvimento do estado de congruência se dá:

a) Em consequência da necessidade de autoconsideração positiva incondicional, ou seja, o indivíduo percebe sua experiência compatível com seus próprios valores organísmicos.

b) Quando o locus avaliativo está dentro do indivíduo, é interno. Ele desempenha, em relação a si mesmo, o papel de pessoa critério.

c) Quando o indivíduo desenvolve sua autoconsideração positiva incondicional, isto é, um SELF positivo.

d) Quando suas experiências são percebidas e simbolizadas corretamente, isto é, sem processos de defesa.

Crianças pequenas exibem alta congruência. Expressam seus sentimentos, logo que seja possível, com o seu ser total. Quando uma criança tem fome, ela toda está com fome, neste exato momento. Quando uma criança sente amor ou raiva, ela expressa plenamente essas emoções.

A congruência é bem descrita por um Zen-budista ao dizer: *Quando tenho fome, como; quando estou cansado, sento-me; quando estou com sono, durmo.*

É fidelidade consigo mesmo e, consequentemente, com os outros. É um estado de acordo interno, de harmonia. Reflete, portanto, um processo de adaptação psicológica, isto é, um estado de SAÚDE.

12.8 Incongruência

O estado de incongruência ocorre quando as experiências do indivíduo são simbolizadas de forma distorcida ou recusadas à simbolização na estrutura do EU. Nesse caso há desacordo, desarmonia, entre os dados experienciais relativos do Eu e os relativos ao organismo, ou seja, a tendência à realização funciona de maneira conflitiva, não unificada, divergente.

Estado de incongruência entre o Eu e a experiência... Quando o indivíduo se encontra num estado de incongruência fica sujeito à tensão e à confusão. Sob certos aspectos seu comportamento é regido pela tendência à realização e, sob outros aspectos, pela tendência à realização do Eu. Como resultado seu comportamento parece incompreensível e contraditório. O comportamento neurótico é uma manifestação deste estado de incongruência. Este tipo de comportamento se conforma ora com o conceito do Eu, ora com as exigências do organismo. De modo que o neurótico não compreende a si mesmo, pois, verifica que, por um lado, faz as coisas que não quer fazer e que, por outro abstém-se de fazer aquelas que desejaria fazer. (ROGERS, 1959, p. 203)

Esse estado de incongruência transparece na assintonia do indivíduo com seus processos organísmicos internos. Ocorre, portanto, quando há diferenças entre a tomada de consciência, a experiência e a comunicação desta. As pessoas que parecem estar com raiva (punhos cerrados, tom de voz elevado, praguejando) e que (se interpeladas) replicam que de forma alguma estão com raiva, ou as pessoas que dizem estar passando por um período maravilhoso, mas que se mostram entediadas, isoladas ou fragilizadas, estão revelando incongruência.

Quando a incongruência está entre a tomada de consciência e a experiência, é chamada *repressão*. A pessoa simplesmente não tem consciência do que está fazendo. A maioria das psicoterapias trabalha sobre esse sintoma de incongruência ajudando as pessoas a se tornarem mais conscientes de suas ações, pensamentos e atitudes na medida em que estes as afetam e aos outros.

Quando a incongruência é uma discrepância entre a tomada de consciência e a comunicação, a pessoa não expressa o que está realmente sentindo, pensando ou experienciando. Este tipo de incongruência é muitas vezes percebido como mentiroso, inautêntico ou desonesto.

A pessoa não é capaz de expressar suas emoções e percepções reais em virtude do medo e de velhos hábitos de encobrimento ou defesas, que são difíceis de superar. Por outro lado, é possível que a pessoa tenha dificuldade em compreender o que os outros esperam dela.

A incongruência pode ser sentida como tensão, ansiedade ou, em circunstâncias mais extremas, como confusão interna. A ambivalência de sentimentos não é rara; não ser capaz de reconhecê-la ou enfrentá-la pode ser uma causa de ansiedade.

O desenvolvimento do estado de incongruência se dá:

a) Em consequência da necessidade de autoconsideração condicional, ou seja, o indivíduo percebe sua experiência em função das condições de valor as quais ele está submetido.

b) Quando o lócus avaliativo está fora dele, é externo. Ele não desempenha, em relação a si mesmo, o papel de pessoa-critério, ou seja, ele faz suas escolhas e decisões baseadas nos julgamentos de outras pessoas.

c) Quando o indivíduo desenvolve sua autoconsideração positiva condicionalmente, isto é, um SELF negativo.

d) Quando suas experiências são percebidas e simbolizadas seletivamente, ou seja, apenas as experiências que concordam com as condições de valor impostas são percebidas e simbolizadas, as demais são distorcidas ou recusadas à simbolização.

O estado de incongruência leva a pessoa a viver em conflito, em dúvida entre a tendência à realização básica e a realização de seu autoconceito, ficando dessa forma vulnerável a desajustamentos psicológicos. Já não pode mais viver como uma pessoa integrada. Torna-se uma pessoa dividida, com uma parte de si coerente com a tendência à realização do organismo e a outra coerente com seu autoconceito impreciso e com suas condições de valor incorporadas. Rogers considera essa situação como a alienação básica do homem.

É infidelidade consigo mesmo e com os outros. É um estado de desacordo interno, de desarmonia. Reflete, portanto, um processo de desadaptação ou alienação, isto é, um estado de DOENÇA.

> *A alienação, tão comum entre o ser humano e seus processos orgânicos direcionais, não é uma parte necessária de nossa natureza. É, ao invés disso, algo aprendido em alto grau em nossa cultura ocidental. É caracterizado por comportamentos guiados por conceitos e constructos rígidos, interrompidos, ás vezes, por comportamentos guiados pelos processos orgânicos. A satisfação ou consecução da tendência realizadora tornou-se bifurcada em sistemas comportamentais incompatíveis, podendo, um deles, ser dominante em um momento, e o outro, em outro momento, mas à custa de um contínuo esforço de tensão e ineficiência. Esta dissociação, que existe na maioria de nós, é o padrão e a base de toda a patologia psicológica da humanidade, como também a base de toda a patologia social. (ROGERS, 1978, p. 234-235)*

12.9 Em direção ao crescimento e integração: o funcionamento ótimo da personalidade

A congruência pode levar o indivíduo a um estado ótimo de funcionamento. Este, embora hipotético, caracteriza o que se poderia chamar de satisfação plena da tendência à realização.

Dessa forma, para Rogers o movimento em direção à saúde é facilitado por qualquer relação interpessoal na qual um dos membros esteja livre o bastante da incongruência para estar em contato com seu próprio centro autoregulador (referencial ou locus interno de valores). A maior tarefa da Terapia Centrada na Pessoa é estabelecer tal relacionamento verdadeiro.

Aceitar-se a si mesmo é um pré-requisito para uma aceitação mais fácil e genuína dos outros. Em compensação, ser aceito por outro conduz a uma vontade cada vez maior de aceitar-se a si próprio.

A pessoa de *funcionamento pleno ou integral* ou *idealmente ajustada* é completamente receptiva a todas as suas experiências = *aberta à experiência*.

Neste sentido, suas experiências não estão sempre na consciência, mas estão sempre disponíveis para a consciência, de uma forma precisamente simbolizada. Isto é, essa pessoa não se mostra defensiva. Não há condições de valor e o indivíduo experimenta uma autoconsideração incondicional positiva. Seu autoconceito é congruente com sua experiência em termos de sua tendência básica à realização. Como suas experiências mudam à medida que ele enfrenta diferentes situações de vida, a *estrutura do Eu* torna-se uma *gestalt* fluida, sempre no processo de assimilar novas experiências. O indivíduo sente-se não como um ser estático mas sim dinâmico, em contínuo aperfeiçoamento.

Viver no presente é outra característica de uma pessoa congruente e integrada, ou seja, realiza o mais possível cada momento.

Tem *confiança nas exigências internas* (referencial interno de valores = consciência humanista) e no *julgamento intuitivo*, ou seja, uma confiança sempre crescente em si mesmo e na capacidade de tomar decisões e assumi-las.

Para ROGERS (1959), quando o indivíduo sente a consideração positiva incondicional, ou seja, sente que é amado e respeitado por outrem; quando esta consideração positiva revela-se no íntimo de uma relação na qual se sinta compreendido de uma maneira empática; quando essas condições são realizadas em alto grau, então, ele funciona plenamente. Esse indivíduo apresenta, portanto, as seguintes características:

1. *Está "aberto" à sua experiência.*

   a. Corolário: Não manifesta comportamentos defensivos.

2. *Consequentemente, todas as suas experiências são acessíveis à consciência.*
3. *Suas percepções são tão corretas quanto os dados de sua experiência o permitam.*
4. *A estrutura do Eu é congruente com a experiência.*
5. *A estrutura do Eu é uma gestalt ou configuração fluída que se modifica com flexibilidade no decorrer do processo de assimilação de experiências novas.*
6. *O indivíduo se percebe como o centro de avaliação de sua experiência.*

O processo de sua avaliação é contínuo e organísmico.

7. *O processo de avaliação não está submetido a condições externas.*

    a) Corolário: O indivíduo experimenta um sentimento de consideração positiva incondicional com relação a si mesmo.

8. *Demonstra sempre capacidade de adaptação e manifesta uma atitude criativa com relação a toda situação nova.*

9. *Descobre que sua capacidade de avaliação autônoma organísmica, representa uma fonte de direção digna de confiança e capaz de guiá-lo para formas de comportamento geradoras de satisfação; isto em razão de que:*

    a) Todos os dados da experiência são acessíveis à consciência e são utilizados.

    b) Nenhum dado da experiência é negado ou deformado.

    c) As consequências do comportamento são acessíveis à consciência.

    d) Os erros cometidos na procura do máximo possível de satisfação – erros devidos à insuficiência de dados experienciais serão corrigidos pela prova da realidade.

10. *Considerando-se o caráter gratificante da consideração positiva recíproca, este indivíduo vive com o outro na melhor harmonia possível.* (ROGERS, 1959, p. 234 - 235)

Embora a citação anterior seja um tanto longa, podemos admitir que, em função do processo congruência-incongruência, decorre um continuum onde os estados extremos correspondem à otimização e à minimização da satisfação da tendência à realização frente a seus objetivos.

Podemos concluir, então, que em todo ser humano a realização de potencialidades vai se verificando à medida que seu estado tende para o ótimo, ou seja, plenitude na satisfação da tendência à realização, no extremo do continuum incongruência-congruência.

É na delineação do continuum congruência - incongruência que surge o grau de satisfação do processo de motivação, ou seja, otimização ou minimização no atingimento dos alvos propostas pela tendência à realização.

Retomando a questão de que a força motivadora fundamental - tendência à realização - garante a direção do crescimento voltado para aspectos construtivos, como é que algumas não alcançam um nível satisfatório de desenvolvimento para si próprias, de crescimento na direção da autonomia, do equilíbrio, da liberdade experiencial?

A possível resposta a esta questão assenta-se sobre o fato de que a direção do desenvolvimento do indivíduo se encontra em algum grau no continuum congruência-incongruência.

Nos organismos vivos, de maneira geral, a tendência à realização normalmente ocasiona um processo, sem dúvida altamente complexo, porém unificado e integrado. No organismo humano, em função dos processos perceptuais, podem surgir antagonismos entre, como por exemplo, conceito do Eu versus processo de avaliação organísmica, valores conceituados versus valores experienciados. A hipótese central frente a esta realidade, é que tais antagonismos ocorrem devido a tipos específicos de aprendizado social, baseado enfaticamente numa ética não humanista, e não como uma contingência necessária e natural da vivência humana. Estes tipos de aprendizado dificultam a congruência.

Porém, se este tipo de aprendizado não é uma parte necessária e natural da vida do homem, parece possível a existência de alguma possibilidade de que poderia ser mudado. Mas, como poderia isto acontecer?

As condições que estão relacionadas com a restauração da unidade e da integração da pessoa, já estão em adiantado processo de identificação e controle. A situação de relacionamento psicoterapêutico, particularmente no modelo *Centrado no Cliente*, indica essas condições:

A empatia sensível e profunda no relacionamento, a consideração positiva incondicional pelo cliente, o comportamento congruente do terapeuta e a percepção mínima, pelo cliente, desta ambiência. Estas condições podem sugerir o ambiente propício para as relações humanas na sociedade.

> *Se pudermos identificar as influências ambientais que produzem uma harmonia interna contínua nas crianças, sem a influência da tão comum aprendizagem da dissociação, esses resultados poderiam ser empregados para uso preventivo. Podemos evitar que a brecha ocorra. Podemos, se quisermos, usar nossas habilidades científicas para ajudar-nos a manter a pessoa completa e unificada, um ser cuja tendência realizadora esteja continuamente formando-a na direção de um relacionamento mais rico e mais satisfatório com a vida. (ROGERS, 1978, p. 236)*

13

Terapia Centrada na Pessoa, de Carl R. Rogers: o processo

Durante toda a sua carreira profissional, Rogers desenvolveu as atividades de psicoterapia e professor. As noções centrais sobre a dinâmica da personalidade são oriundas de sua prática em Aconselhamento psicológico e Terapia. Sua obra inspirou-se no paradigma existencial do pensamento filosófico e do método fenomenológico.

Tomada como modelo existencial-fenomenológico, portanto, a Terapia Centrada na Pessoa ressalta a crença no homem aqui-e-agora presente, capaz de tornar-se cada vez mais consciente de si próprio, a partir da experiência vivida com confiança em seus poderes humanos e na esperança de atingir uma vida plena.

A partir dessa premissa, Rogers associou-se à maioria dos existencialistas insistindo que o mundo vivencial de um indivíduo só pode ser compreendido por meio da descrição direta que o próprio faz de sua situação única.

A Psicoterapia é, então, um encontro cuja finalidade será ajudar o cliente a se descobrir até que ele possa identificar e experienciar seu conceito de si próprio, seus desejos, em sua própria realidade. Em consequência, sustentou que o encontro do terapeuta com o cliente constitui um encontro existencial único entre duas pessoas - pessoa a pessoa - e não uma variante do clássico relacionamento médico-paciente.

A abordagem terapêutica da *Terapia Centrada na Pessoa*, dá ênfase ao impulso em direção ao crescimento e à saúde/congruência. É uma terapia de *autorrealização*, mais que de *ajustamento*. Nesse sentido, visa facilitar ao cliente libertar-se de suas defesas neuróticas, medos e íntimos terrores, utilizando seus próprios recursos e talentos pessoais. Seu processo é, portanto, um questionamento que vai tendo resposta a partir do momento em que o projeto existencial se torna compreensível, como num processo permanente de busca, de procura, de compreensão e aceitação dinâmica da própria experiência.

A Psicoterapia é, por sua vez, dirigida pela pessoa que busca ajuda - o cliente - ou centrada-no-cliente, de forma que é ele quem assume a direção que foi necessária no processo. Rogers define a psicoterapia da seguinte forma:

> *Do ponto de vista prático, implica que a psicoterapia consiste simplesmente na liberação de capacidades já presentes em estado latente. Isto é, implica que o cliente possua, potencialmente, a competência necessária à solução de seus problemas. Tais opiniões se opõem diretamente à concepção da terapia como uma manipulação, por especialista, de um organismo mais ou menos passivo. (ROGERS, 1977, p. 193)*

Na abordagem da Terapia Centrada na Pessoa ou no Cliente, o termo *cliente* é utilizado no lugar do convencional termo *paciente*. O cliente é uma pessoa que precisa e busca ajuda, mas, pensa que não pode encontrá-la sozinho; espera encontrar alguém - um facilitador - que o ajude em seu intento. O cliente, independentemente de seus problemas pessoais é uma pessoa naturalmente capaz de entender ou sentir sua própria problemática. Tem ele a chave para soluções de seus conflitos pessoais, apenas, precisa de alguém que o ajude a encontrá-la.

13.1 Algumas noções sobre a Terapia Centrada na Pessoa, comuns à outras abordagens de psicoterapia existencial-fenomenológica

a) **A visão do organismo como um todo**

Para Rogers, a noção de organismo como totalidade é central - tanto no plano intrapessoal como interpessoal. Os seres humanos são, dessa forma, considerados como organismos unificados com integração entre aspectos físicos e mentais: corpo e mente, forças internas e externas, endógenas e exógenas, não têm nenhum sentido em si mesmas, isoladamente, uma vez que os efeitos causais de uma são inseparáveis de outro.

Essa visão de totalidade remete à perspectiva holística que enfatiza a importância da percepção de si e do mundo - presente e imediata - na forma como é experienciado pelo indivíduo.

b) **A ênfase de que o processo de psicoterapia acontece no presente, aqui-e-agora**, ou seja, na atualizada revelação da experiência vivida. O presente contém o potencial que aponta para o futuro e, dessa forma, o processo psicoterápico volta-se para o entendimento dos fatos existenciais à luz de sua fenomenalidade.

Daí a importância da compreensão da experiência de uma maneira descrita e não causal, ou seja, a ênfase do *como* sobre o *porquê* em função de que a existência humana não está abalizada pelo nexo causa-efeito.

A psicoterapia evita colocar como foco a investigação do passado com a finalidade de procurar traumas ou situações não resolvidas, mas, leva o cliente a tornar-se consciente de sua experiência presente, pressupondo que os fragmentos relativos aos conteúdos reprimidos, ou seja, recusados à simbolização ou simbolizados de forma distorcida, emergirão inevitavelmente como parte desta experiência no aqui-e-agora.

Além da natureza estritamente terapêutica deste enfoque ligado à conscientização do presente, uma tendência saudável que pode ocorrer é a de viver com a atenção voltada para o presente, ao invés do passado (aspectos depressivos) ou do futuro (ansiedade) *Cavoucar* o passado é desenterrar mágoas, arrependimentos, rancores e culpas; viver o futuro significa projetar-se no absolutamente imponderável e *sofrer por antecedência.* Essa atitude existencial de viver no *aqui-e-agora* é muito produtiva e leva ao crescimento psicológico.

c) **A compreensão de que o indivíduo é capaz e responsável por si mesmo.** Para a abordagem existencial-fenomenológica, o ser humano nada mais é do que ele decide ser, do que ele projeta ser, sua essência é resultante de seus próprios atos. E é sendo livre que ele escolhe o que quer ser e o que será. O fato de poder fazer opções é o que constitui sua verdade maior e lhe permite criar seus próprios valores. E, se faz uso de seu livre arbítrio é, consequentemente, responsável por tudo o que faz.

d) **A maior ênfase ao aspecto afetivo de uma situação do que aos aspectos intelectuais.** ROSENBERG (1977, p. 52) acrescenta que na atualidade o ser humano ressente-se de um valor exagerado que é atribuído aos seus processos intelectuais ou cognitivos. Dessa forma, busca uma *redescoberta de suas dimensões físicas, intuitivas, para "ouvir" o seu corpo.* Há, então, uma tendência da pessoa em diminuir o aspecto racional de uma situação, para realçar seus aspectos intuitivos e espontâneos.

e) **A ausência do privilégio da comunicação verbal sobre a não-verbal:** a linguagem verbal comunicada de forma inteligível é tão importante na relação terapeuta-cliente quanto à linguagem não-verbal que comunica por meio da expressão dos olhos, da mímica gestual e facial, da postura, da entonação vocal.

> *A comunicação extra ou subverbal permite ao terapeuta captar e entender melhor o cliente. Por outro lado, no terapeuta também, o tom de voz, a máscara facial ou o trejeito involuntário podem reforçar ou contradizer a mensagem explícita, tornando-a mais efetiva ou nula. Este dado salienta a importância da autenticidade do terapeuta, pois os seus verdadeiros sentimentos e atitudes serão comunicados ao cliente de algum modo, deliberado ou não. (ROSENBERG, 1977, p. 51)*

14

Condições *necessárias* *e suficientes* de terapia

A tarefa primordial do terapeuta concentra-se, principalmente, em atitudes. São atitudes básicas fomentadas pelo terapeuta e que o levam à criação de um clima facilitador para que ocorram as modificações construtivas na personalidade de quem busca ajuda psicológica. São mudanças que ocorrem no indivíduo de dentro para fora, em direção à solução de seus conflitos pessoais e à vida plena. São essas condições facilitadoras que promoverão a reorganização do SELF que é, por sua vez, um dos primordiais objetivos da terapia.

> *Quer se trate do consultório do terapeuta ou de qualquer outra situação interpessoal, uma atmosfera será terapêutica apenas se for impregnada de segurança e de calor. Sem estas qualidades pode-se, sem dúvida, analisar, explorar, informar, ensinar, condicionar, enfim, influenciar e, portanto, mudar o indivíduo. Mas estes procedimentos ativos – ou melhor, transitivos – não poderiam produzir o gênero de mudança que corresponde à noção de crescimento. Pois, esta mudança representa um processo de natureza orgânica, em certo sentido, partindo de dentro e englobando o indivíduo na sua totalidade. Ora, é a movimentação deste processo – e não qualquer modificação circunscrita, efetuada de fora, suscetível de se limitar os sintomas do conflito – que julgamos como o fim da terapia.* (KINGET, 1975 b, p. 77)

Na Terapia Centrada na Pessoa o terapeuta não dá conselhos, nem interpreta, nem faz julgamentos de aprovação ou reprovação, em relação ao que ocorre com o cliente. Como um verdadeiro facilitador da busca de si mesmo, o terapeuta reflete e vivencia, tanto quanto possível, os sentimentos de seu cliente. Ao sentir as relações entre seus conflitos pessoais e suas experiências passadas e presentes, sentidas e simbolizadas, o cliente elabora seus planos de ação e tentativas de encontrar um autêntico equilíbrio diante de sua realidade. É, assim, o próprio cliente que reorganiza suas percepções e vivencia seus sentimentos.

Rogers dá grande destaque aos relacionamentos interpessoais. Para ele a relação pessoal com o cliente é mais importante que a atuação, digamos, técnica, do terapeuta. Esse relacionamento desenvolvido na terapia revela-se num encontro de duas pessoas, no sentido que BUBER (1969) dá ao evento. A importância desse encontro pessoa-a-pessoa é, também, valorizada na experiência terapêutica grupal.

> *O processo terapêutico é, portanto, na sua totalidade, a efetivação pelo indivíduo, num clima psicológico favorável, de novos passos, numa direção que já tinha sido estabelecida pelo seu crescimento e desenvolvimento para a maturidade a partir do momento de sua concepção. (ROGERS, 1975 a, p.197)*

ROGERS (1975b), ao tratar da *Teoria da Terapia e da modificação da personalidade*, propõe que se são oferecidas certas condições no relacionamento terapêutico, então um processo de modificações da personalidade e do comportamento se seguirão:

A CONDIÇÃO DO PROCESSO TERAPÊUTICO

Para que o processo terapêutico se produza é necessário:

1. *Que duas pessoas estejam em contato.*
2. *Que a primeira pessoa, que designaremos o cliente, se encontre num estado de desacordo interno, de vulnerabilidade ou de angústia.*
3. *Que a segunda pessoa, que designaremos como terapeuta, se encontre num estado de acordo interno – pelo menos durante o decorrer da entrevista e no que se relaciona ao objeto de sua relação com o cliente.*
4. *Que o terapeuta experimente sentimentos de consideração positiva incondicional a respeito do indivíduo.*
5. *Que o terapeuta experimente uma compreensão empática do ponto de referência interno do cliente.*
6. *Que o cliente perceba – mesmo que numa proporção mínima – a presença de 4 e de 5, isto é, da consideração positiva incondicional e da compreensão empática que o terapeuta lhe testemunha. (ROGERS, 1975b, p. 182)*

A qualidade e a quantidade da mudança construtiva na personalidade que vierem a ocorrer na terapia dependerão do grau em que os itens 03, 04 e 05, ou seja, a Congruência do terapeuta, a Consideração positiva incondicional ou a aceitação afetuosa pelo cliente e a Compreensão empática e precisa do quadro de referência interno do cliente, respectivamente, se realizem.

A primeira proposição simplesmente chama atenção para a necessidade lógica de que deve haver pelo menos um relacionamento mínimo entre o cliente e o terapeuta.

Duas pessoas estão em contato se cada uma delas afetar o campo experiencial da outra.

Em relação à sexta proposição é oportuno citar GENDLIN (1962, apud ROGERS, C.R. e STEVENS, B. , 1976 b), o qual relata sua experiência em relação à esquizofrênicos. Há muitos relatos semelhantes sobre o trabalho com psicóticos na literatura especializada.

14.1 Congruência ou autenticidade do terapeuta

Essa condição significa que o terapeuta é uma pessoa autêntica e integrada na relação de ajuda. Se é autêntico, é espontâneo. Está aberto tanto a sentimentos agradáveis quanto desagradáveis. Em caso de sentimentos negativos, o terapeuta pode empregá-los construtivamente, para facilitar a comunicação honesta entre seu cliente e ele.

Como os terapeutas são seres humanos, não se pode esperar que alcancem o ajustamento ideal, que sejam completamente congruentes. Se o terapeuta for congruente em sua relação com o cliente, então o processo de terapia se desenvolverá. Além disso, essa proposição, como as outras, deve ser entendida como existindo em um *continuum* e não na base tudo-ou-nada.

Se o terapeuta está aborrecido ou irritado com o que seu cliente lhe diz, não pode ser congruente com esse sentimento e, ao mesmo tempo, experimentar uma consideração incondicional positiva pelo cliente e uma compreensão empática do seu quadro de referência interno. O importante aqui é que o terapeuta reconheça e expresse o sentimento negativo como seu e não culpe o cliente por isso.

Congruência

> *Em primeiro lugar, a minha hipótese é que o crescimento pessoal é facilitado quando o conselheiro é o que é, quando na relação com o cliente é autêntico, sem "máscara" ou fachada, e apresenta abertamente os sentimentos e atitudes que nele surgem naquele momento. Empregamos a palavra "congruência" para tentar descrever esta condição. Com ela queremos dizer que os sentimentos que o conselheiro está vivenciando são acessíveis à sua consciência, que é capaz de comunicá-los, se isso for adequado. Significa que entra num encontro pessoal direto com o cliente, encontrando-o de pessoa para pessoa.* (ROGERS, 1976 c, p. 104-105)

JORDÃO (1987, p. 49) acrescenta que *Estar congruente consigo mesmo é estar de acordo, estar harmônico. A harmonia implica um estar aberto aos próprios sentimentos, podendo-se escutá-los, elaborá-los e expressá-los.* Implica em o psicoterapeuta poder ser ele próprio, autenticamente. Quanto mais ele é verdadeiro, se conhece e se ouve, mais ele será capaz de conhecer e ouvir sensivelmente seu cliente.

14.2 Consideração positiva incondicional

Nessa condição o terapeuta experimenta um cuidado profundo e autêntico pelo cliente como pessoa e esse cuidado não é afetado pela avaliação dos sentimentos, pensamentos e comportamentos do cliente, como sendo bons ou maus. O terapeuta dá valor ao cliente e o aceita com afeto, mas este conceito vai ainda além e diz que esse valor e essa aceitação são incondicionais.

A aceitação afetuosa e a valorização do cliente é uma experiência profunda e persuasiva para o terapeuta; ainda, assim, não é cega, intensa ou possessiva. Talvez envolva basicamente um sentimento e respeito profundo pela vida, pelo que seja, pelo ser e uma boa vontade de experimentá-la inteiramente, sem reservas, conforme seja revelada pelo cliente.

Trata-se de uma atitude de *amor produtivo* conforme proposto por FROMM (1966) e caracterizado por:

- Profundo respeito pela individualidade da pessoa, sua liberdade e dignidade;
- Compromisso e responsabilidade na relação pessoa -a-pessoa, ou seja, comprometer-se, colocar a si mesmo disponível em relação ao outro;
- Desvelo na relação: refere-se ao cuidado e ao carinho pelo outro.
- Conhecimento do outro em sua dimensão humana mais profunda; relativo a amá-lo pelo que ele é como pessoa, em sua essência mais humana, minimizando, assim, todas as formas de preconceito e intolerância.

Essas características do amor maduro, autêntico, podem estar presentes na relação terapeuta-cliente.

ROGERS (1976 c) refere-se à *consideração positiva* como a condição em que é:

> *... mais provável a ocorrência de crescimento e mudança quando o conselheiro vivencia uma atitude afetuosa, positiva e de aceitação diante do que está no cliente. Isto significa que aprecia o cliente, como uma pessoa, mais ou menos com a mesma qualidade de sentimento que os pais têm pelo filho, apreciando-o como uma pessoa, qualquer que seja o seu comportamento específico no momento. Significa que se interessa pelo cliente de maneira não-possessiva, como uma pessoa com potencialidades. (ROGERS, 1976 c, p.109)*

Entretanto, é necessário que o terapeuta aprecie o cliente de maneira total e não condicional:

> *Sente uma consideração positiva e incondicional por esta pessoa. É um sentimento aberto e positivo sem reservas e sem avaliações. Significa não fazer julgamento. Creio que, quando existe esta apreciação não valorativa no encontro entre o conselheiro e seu cliente, é mais provável a ocorrência de mudança e desenvolvimento construtivos no cliente. (ROGERS, 1976 c, p. 110)*

Para JORDÃO (1987), a partir das noções básicas da *Abordagem Centrada na Pessoa*, de C. R. Rogers, a saber: *Tendência à realização e liberdade experiencial,*

> *... podemos dizer que, se todo organismo tende para o crescimento e se para a atualização desta tendência ele precisa exercer sua liberdade experiencial, a consideração positiva incondicional é o suporte necessário para que isso possa acontecer. (JORDÃO, 1987, P. 51)*

Ainda, segundo JORDÃO (1987, p. 51-52) tal atitude de consideração positiva incondicional do terapeuta em relação ao cliente poderá ter como resultado o fortalecimento de sua autoestima, bem como, o de *reavivar o exercício de sua liberdade experiencial tão massacrada ou postulada por valores externos a si mesmo.*

14.3 Empatia ou compreensão empática

A empatia é a capacidade de uma pessoa de se colocar no lugar de outra, conectar-se com ela, não só no que se refere ao que ela pensa, como também, principalmente, ao que ela sente. Além disso, a compreensão empática é um importante fator de prevenção de conflitos e de violência e, ao mesmo tempo, ajuda no bem estar das relações humanas.

Na Terapia Centrada na Pessoa, o terapeuta esforça-se para sentir precisa e completamente o mundo interior da experiência subjetiva do cliente. O importante é o *aqui-e-agora* do presente imediato. Através dessa compreensão empática, o terapeuta espera ajudar o cliente a se aproximar mais de si próprio, a experimentar sentimentos mais profundos e, assim, estimular o reconhecimento e a solução das incongruências entre o *eu* e a experiência organísmica.

ROGERS (1977, p. 72) conceitua o *estado de empatia ou ser empático* como a capacidade de percepção do quadro de referência interno de um outro com precisão e com os significados e componentes emocionais pertinentes a esse outro, como se fosse a outra pessoa, mas sem jamais perder a condição de *como se*. Assim, isso significa sentir a dor ou o prazer de outra pessoa, como essa outra pessoa os sente e perceber as suas causas, como a pessoa os percebe. Se não houver essa qualidade de *como se*, então, isso significa identificação ou difusão de identidade.

O componente afetivo da empatia caracteriza-se por uma tendência a experimentar sentimentos de simpatia, de compaixão e de preocupação com o bem estar da outra pessoa. Rogers enfatiza que:

> *Estar com o outro desta maneira significa deixar de lado, neste momento, nossos próprios pontos de vista e valores, para entrar no mundo do outro sem preconceitos. Num certo sentido, significa pôr de lado nosso próprio eu, o que pode ser feito apenas por uma pessoa que esteja suficientemente segura de que não se perderá no mundo possivelmente estranho ou bizarro do outro e de que poderá voltar sem dificuldades ao seu próprio mundo quando assim o desejar.* (ROGERS, 1977, p. 73)

Para JORDÃO (1987) a empatia como um atributo característico a ser desenvolvido na relação terapêutica pode, dessa forma, levar o cliente, ao final do processo de terapia, a estar com sua atitude empática mais desenvolvida, ou seja:

> *Ele terá mais capacidade de se colocar no lugar do outro, sem se perder. Portando, podemos afirmar que a empatia pode ser desenvolvida e pode ser considerada como um padrão de crescimento. (JORDÃO, 1987, p. 48)*

14.4 Estratégias facilitadoras do relacionamento empático

De algumas estratégias oriundas das psicoterapias de base cognitivo-comportamentais podem derivar atitudes facilitadoras da comunicação empática, por parte do psicoterapeuta. Resumimos, a seguir, os resultados de algumas pesquisas realizadas sobre comportamentos que revelam compreensão empática, como *prestar atenção* e *ouvir sensivelmente* e outro relativo à expressão empática, como *verbalizar sensivelmente*, apresentadas por ABREU E ROSO (2003), como segue:

a) Prestar Atenção

BARRET-LENNARD (apud ABREU e ROSO, 2003, p. 275-286) enfatizam que, para que ocorra empatia, é necessário estar atento de um modo bastante especial, ou seja, prestar atenção em alguém significa estar com esse alguém fisica e psicologicamente.

A atenção empática, por sua vez, é apreciada pela outra pessoa, que se sente mais encorajada a se abrir e a explorar as dimensões significativas de sua situação -problema (EGAN, apud ABREU e ROSO, 2003, P.275-286).

Alguns comportamentos demonstram atenção empática. (ABREU, ROSO, 2003):

- Fitar diretamente a outra pessoa, adotando uma postura que indique o envolvimento e evitando ficar muito afastado;
- Adotar uma postura aberta; braços e pernas cruzados podem sinalizar menos envolvimento e disponibilidade;
- Inclinar-se em direção ao outro com a parte superior do corpo (inclinar-se demais pode intimidar);
- Manter contato visual, evitando desviar o olhar com frequência, o que não significa olhar fixamente. O bom contato visual sugere interesse em ouvir o que o outro tem a dizer;
- Adotar uma postura relaxada, o que não significa ficar inquieto ou se engajar em expressões faciais distraídas;
- Estar atento às reações corporais e emocionais explícitas no comportamento da outra pessoa - observar sentimentos de raiva, ansiedade, alegria, tristeza, etc.

Além disso, o terapeuta deve procurar identificar as mensagens não-verbais da outra pessoa que expressam emoções. As mensagens não-verbais podem substituir, enfatizar ou contradizer a mensagem verbal. Por outro lado, o rosto é a principal área sinalizadora de emoções e a voz a mais verdadeira. (ARGYLE, apud ABREU e ROSO, 2003, p. 275-286).

b) Ouvir sensivelmente

Ouvir sensivelmente significa estar em contato com e conhecer a realidade do outro. O bom ouvinte é aquele que aprecia a outra pessoa tal como ela é, aceitando os seus sentimentos e as suas ideias, tais como elas são; significa existir para a outra pessoa.

Ouvir sensível ou empático provoca efeitos positivos que incluem: (BARRET-LENNARD, apud ABREU e ROSO, 2003, p. 275-286):

- crescimento pessoal (ser ouvido reduz o medo e aumenta o autoconhecimento);
- enriquecimento do relacionamento (cada membro da relação torna-se aberto a ouvir);
- redução da tensão e solução de problema (a capacidade de ouvir profundamente a outra pessoa e de apreciar a sua realidade é crucial para promover mudança); e
- desenvolvimento do conhecimento (aumento do conhecimento da natureza humana e do autoconhecimento).

Além disso, o ouvir sensível a uma pessoa que está furiosa tem o poder de reduzir a sua raiva, tornando-a também mais disponível para ouvir. Da mesma maneira, procurar compreender as razões do comportamento de alguém que provocou mágoa e raiva pode reduzir esses sentimentos e facilitar um diálogo de entendimento.

c) Verbalizar sensivelmente

Para BURLESON (apud ABREU e ROSO, 2003, p. 275-286), a verbalização empática faz com que a outra pessoa sinta-se compreendida, além de ajudar a explorar as suas preocupações de forma mais completa; esta é a maneira mais eficiente de demonstrar compreensão.

Algumas pessoas empregam estratégias altamente sensíveis de conforto verbal, as quais legitimam e elaboram os sentimentos de outra pessoa, tais como:

- Promovem um maior grau de envolvimento com a outra pessoa e com o seu problema;
- São mais neutras na avaliação, descrevem e explicam os sentimentos do outro e as situações que produzem esses sentimentos;
- Tendem a focalizar as relações próximas ao estado de angústia da outra pessoa;
- Aceitam e legitimam o sentimento do outro, bem como o seu ponto de vista.

Muitas vezes, enquanto o cliente está contando um problema, não é raro que o terapeuta procure aliviar o sofrimento da outra pessoa, dando um conselho ou uma sugestão, ou então, tente minimizar o problema, sugerindo: *Não precisa ficar tão preocupado ou a situação não é tão grave*. Esse tipo de verbalização desvaloriza os sentimentos e a perspectiva do cliente.

A comunicação entre o terapeuta e o cliente deve ser simples e direta, livre de termos e conceitos sofisticados, principalmente os psicológicos. Essa atitude poderá facilitar uma compreensão das vivências mais imediatas, com seus significados e seu sentido.

Finalmente, a palavra quando usada oportunamente é a ferramenta que transforma o pensamento, a ideia, em realidade. A palavra certa e sensível, dita na hora e no lugar oportuno não é meramente um som, mas, um fato capaz de transformar, transgredir, em direção à conscientização libertadora.

AMATUZZI (2010), ao tratar das características atitudinais do profissional que oferece ajuda, refere-se a um *tripé da psicoterapia* que, apresentamos, em resumo, por meio das seguintes ações:

- *Acolher com simpatia "... esse acolhimento é o solo sobre o qual poderá se desenvolver o processo da pessoa."...*
- *Compreender com empatia: "... quando compreendo profundamente alguém, além de eu mesmo me abrir para possibilidades novas de significado vivido..., algo novo está prestes a acontecer no outro, pois ele se sente ouvido e pode dar andamento a seu processo interior."...*
- *Eventualmente, dizer uma palavra que faça pensar: "nem sempre é preciso dizer uma palavra que faça pensar... se existe acolhimento e compreensão, praticamente todo trabalho está feito... para desencadear o movimento terapêutico de encontro consigo próprio. Contudo, ás vezes, pode ser oportuno dizer uma palavra... às vezes, uma palavra instigadora da auto-compreensão em nível mais profundo pode ser bem vinda."... (AMATUZZI, 2010, p. 64 - 66)*

Esse *tripé da psicoterapia*, ainda segundo o autor, pode corresponder às atitudes básicas propostas por Rogers como condições *necessárias e suficientes* da terapia, ou seja, respectivamente: aceitação e valorização incondicionais pelo cliente, compreensão empática do quadro de referência interno do cliente e congruência e autenticidade no relacionamento.

Enfim, ser congruente, autêntico e verdadeiro, aceitar e valorizar incondicionalmente o cliente, sem julgamentos ou censuras e ser empático e sensível na relação, torna o encontro terapêutico acentuadamente dinâmico, ativo e transformador. Tais atitudes do terapeuta, portanto, devem ser explícitas, vivenciais e claramente participativas.

15

Sobre o encontro terapêutico

O encontro do terapeuta com um cliente constitui-se em uma relação existencial pessoa-a-pessoa, que é o fundamento fenomenológico-existencial da comunicação com outrem. Essa dimensão antropológica da comunicação foi o foco do pensamento dos filósofos como Kierkegaard, Heidegger, Sartre, Merleau-Ponty, Jaspers, entre outros. Entretanto, foi com BUBER (1969) que tal fenômeno existencial ganhou destaque quando de suas reflexões sobre a relação dialógica EU-TU: o ser humano é um ser de relação e é dentro desse contexto que ele busca seu aperfeiçoamento e sua integração como pessoa. Para ele o encontro EU-TU é a relação recíproca onde o TU não pode ser coisificado e será mais autêntico quando não existirem limitações de quaisquer ordens, como mitos e preconceitos.

O encontro terapêutico propõe a compreensão do amor produtivo, psicologicamente maturo, tal como foi significado por FROMM (1966), como um ato de dar, ou melhor, de dar-se; propõe, também, a superação dos mecanismos defensivos do ego, naqueles aspectos em que eles têm de impedir a comunhão entre as pessoas.

O encontro existencial significa mais que a reunião de duas pessoas; significa que elas vivenciam suas experiências mais genuínas em mútua compreensão.

MORENO (1975) expressa essa qualidade do encontro existencial em um trecho significativo de sua verve poética:

Um encontro de dois: olho a olho, face a face
E quando estiveres perto arrancarei teus olhos
e os colocarei no lugar dos meus
e tu arrancarás meus olhos
e os colocarás no lugar dos teus
então eu te olharei com teus olhos
e tu me olharás com os meus.

CASSIANO (1979), segundo ele próprio, *inspirado nos Estatutos do Homem*, de Thiago de Mello, foi muito sensível em expressar o sentido do encontro, como segue:

ORAÇÃO AO ENCONTRO
– o encontro terapêutico –

Prof. Nélson Cassiano

A TODOS OS "EUS", E A
TODOS OS "VOCÊS"

CREIO *que agora vale a verdade,*
que vale a vida,
e a vida no encontro com outrem;
de mãos dadas
trabalharemos ambos pelo encontro verdadeiro.

CREIO *que todos os encontros,*
inclusive os mais cinzentos,
têm o direito de converter-se em manhãs de domingo.

CREIO *que a partir deste instante*
– eu e você –
diante da angústia eminente de
não-ser,
da ameaça da destruição,
seremos o que somos
e não algo que temos;
o nosso ser permanecerá
o dia inteiro
aberto a esperança e
as campinas verdes do sentir
oxigenarão nossos corações.

CREIO *que não precisamos mais*
negar a culpa por existir;
e que confiarei em você
como o vento confia no ar que o compõe.

CREIO *que a compreensão da pessoa no seu mundo*
nascerá espontaneamente e livre
do jugo da mentira,
e nunca será preciso usar
couraça no disfarce,
porque viveremos num mesmo universo onde
semelhança e não igualdade
conduzirá nosso convívio.

CREIO *que as nossas forças,*
sejam elas quais forem,
hão de encontrar no mundo da natureza humana,
na grandeza de sermos,
no encontro entre homens

e na experiência de ser em si mesmo,
o descortínio:
do que fomos,
do que somos e
do que por humanidade sempre quisermos ser!

CREIO *que o trágico da existência*
tem sua razão e seu querer.
E ainda que tudo nos parece perdido,
alegria e dor, raízes desse cenário,
existirão, para não esquecermos
que maior dor
sempre foi e será sempre
não poder doar-se,
sabendo que é o amor
que dá à vida o milagre de ser.

CREIO *que o alimento de cada dia*
tenha no homem o sinal do esforço.
Mas sobretudo tenha sempre
o quente sabor de ternura.

CREIO *que enquanto estivermos juntos,*
minutos, horas ou dias,
valerão como processo de realização
a cada momento,
porque seremos aquilo que somos!
O que nasce agora é flor
que fará o perfume de amanhã,
assim portanto, tudo será permitido,
inclusive descobrir o descoberto,
falar do falado,

sentir o sentido,
cantar o próprio canto,
fazer do ridículo agradável,
do falso verdadeiro
e de toda essa verdade, a mentira que disfarçamos.

CREIO *que somos os únicos seres no universo*
que podem prometer,
e por isso prometo minha decisão
de estar com você,
ainda que não esteja comigo,
pois não estar é sua presença.
E mesmo sem tudo compreender
fica clareira aberta, onde
a luz de estar um com o outro
faz nascer o desejo de
SER E PERMANECER.

e... CREIO SOBRETUDO, *que no entrelaço de corações,*
na presença de almas que se aproximam,
nasce a descoberta do que sempre foi:
EU!
VOCÊ!
na beleza do que somos!

(inspirado nos *Estatutos do Homem* de Thiago de Mello)

16

O desenvolvimento e as consequências possíveis da terapia

A ideia central da abordagem da Terapia Centrada na Pessoa, de C. R. Rogers é que a reorganização do EU ou SELF, do cliente, é o seu principal objetivo. Esse fato torna o cliente o condutor responsável pela mudança em sua conduta. Cabe a ele encontrar um sentido para a sua vida e decidir o que quer ser, por meio de um particular projeto existencial.

A terapia terá chegado a um bom termo se o cliente chegar à consciência de que ele, tão somente ele, é o autor de sua própria história.

O foco da terapia é, dessa forma, buscar a plena realização do processo de *experienciar*, por parte do cliente, de seus mais íntimos sentimentos, - implícitos ou percebidos - que se encontram acessíveis à sua consciência.

Tais sentimentos experienciados pelo cliente serão considerados e apreendidos como surgem na consciência, genuinamente, abstraídos de crenças, preconceitos, ideologias e julgamentos apriorísticos, tão bem, como isentos de interpretações ou modificações determinadas à luz de modelos ou constructos teóricos.

Além disso, destaca-se no processo de terapia, o fato de que não é relevante a realidade tal qual existe objetivamente, mas, sim, o modo como o conhecimento dessa realidade se dá e se realiza - subjetivamente - para o cliente. Importa, antes de tudo, a visão de mundo que o cliente tem em sua percepção.

A esses pressupostos atitudinais que fundamentam o processo da Terapia Centrada na Pessoa, será acrescentada a criação de uma ambiência típica no setting terapêutico, que favorecerá as mudanças esperadas na conduta da pessoa que busca ajuda - o cliente.

Nesse modelo de atuação, caracterizado pela expressão causal *se-então*, podemos admitir que se as condições *necessárias e suficientes* da terapia, ou seja, a congruência do terapeuta, a consideração positiva incondicional pelo cliente e a empatia vivenciada pelo terapeuta em relação ao cliente, são estabelecidas e mantidas durante um certo período de tempo, então, o processo terapêutico seguirá seu desenvolvido.

Em suma, tal processo apresenta as seguintes características:

1. O cliente torna-se gradualmente mais livre para expressar seus sentimentos de forma verbal e não-verbal;

2. Tais sentimentos expressos referem-se cada vez mais ao próprio EU, em oposição ao seu ambiente (não - Eu);

3. O cliente aprende a diferenciar e discriminar progressivamente os objetos de seus sentimentos e percepções, em relação ao seu ambiente, outras pessoas, seu Eu, suas experiências e o inter-relacionamento entre eles. Dessa forma, as experiências do cliente tornamse mais precisamente simbolizadas em sua consciên-

cia e ele se torna, gradualmente, cônscio de experiências que, anteriormente, evitava e distorcia (defesas);

> *A experiência (isto é, a tomada de consciência de um estado) de ameaça torna-se possível graças à consideração positiva incondicional que o terapeuta não cessa de lhes testemunhar - quer o cliente dê provas de acordo ou de desacordo interno, de angústia ou de qualquer outro sentimento. (ROGERS, 1975 b. p. 186)*

4. O auto-conceito (Self) gradativamente vai se tornando reorganizado, para incluir experiências antes evitadas ou distorcidas, na consciência. Assim, há uma congruência crescente entre o Eu e a experiência, com menor necessidade de defesa;

> *O cliente chega a experimentar plenamente certos sentimentos que até então, havia deformado ou negado.*
>
> *A imagem do eu muda de maneira a permitir a integração de elementos de experiência que haviam sido deformados ou negados.*
>
> *À medida que a reorganização da estrutura do eu prossegue, o acordo, o acordo entre esta estrutura e a experiência total aumenta constantemente.*
>
> *O eu torna-se, então, capaz de assimilar elementos da experiência que eram, anteriormente, demasiado ameaçadores para serem admitidos à consciência. (ROGERS, 1975 b. p. 186)*

5. O cliente sentirá progressivamente autoconsideração positiva e reagirá em relação às suas experiências, menos em termos de condições de importância, baseado em valores introjetados por outros, e mais em termos de processo organísmico de valorização, baseado nas suas tendências realizadoras. Trata-se da formação de uma *consciência humanista* em oposição a uma *consciência autoritária*, segundo FROMM (1983).

O cliente se torna cada vez mais capaz de experimentar a consideração positiva incondicional que o terapeuta lhe demonstra, sem se sentir ameaçado por esta experiência.

Experimenta cada vez mais uma atitude de consideração positiva incondicional com relação a si mesmo.

Ele se dá conta, cada vez mais, de que é ele mesmo o centro de avaliação de sua experiência.

A avaliação de sua experiência torna-se cada vez menos condicional, efetua-se cada vez mais sobre a base de dados "organísmicos", isto é, de experiências vividas. (ROGERS, 1975.b. p. 187)

17

Terapia de grupo: *Grupos de Encontro*

É de grande destaque na Terapia Centrada na Pessoa, de C. R. Rogers, a sua contribuição referente às propostas de trabalho com grupos. Tais experiências, que proporcionam um autêntico processo de encontro, foram denominadas *grupos de encontro* e revelaram sua grande importância por seus efeitos terapêuticos.

O tempo e o espaço do grupo de encontro permitem que as expressões emocionais venham à tona, emerjam naturalmente, e fiquem sujeitas às reações de todos os participantes do grupo, permitindo que cada pessoa seja ela própria em busca de um encontro profundo e verdadeiro consigo mesma. Esses encontros grupais são capazes de resultar em transformações efetivas na vida das pessoas que deles participam.

Os grupos de encontro caracterizam-se por manter um clima de segurança tal, que incentiva a expressão dos sentimentos mais genuínos e as reações imediatas por parte dos membros do grupo.

Sua estrutura funcional não tem um *dirigente* responsável pelo andamento do processo. Esse papel, chamado de *facilitador*, cuida de estabelecer e manter um ambiente relacional aberto e menos defensivo, harmoniosamente integrado, mesmo em situações conflitivas, sem perder o foco dos objetivos propostos.

De acordo com HOBBS (1975), a psicoterapia de grupo é semelhante à individual. Os pontos semelhantes referem-se aos objetivos comuns do processo e a uma mesma concepção da natureza humana. A diferença está no fato que na terapia individual estão relacionados unicamente duas pessoas, ao passo que na terapia de grupo, interagem mais pessoas. Há relatos de grupos pequenos, de 8 a 12 pessoas e grandes grupos, de 100 a 200 pessoas. Entretanto, não se trata aqui apenas de uma questão de aumento quantitativo de participantes; a terapia de grupo *suscita uma experiência qualitativamente diferente com potencialidades terapêuticas específicas.* (HOBBS, 1975, p. 276)

A composição formal do grupo, no que tange à duração extensiva, ao número de participantes, e o tempo de cada seção, dependerão da proposta que se fizer: as pessoas que fizerem parte do grupo, juntamente com seu facilitador/terapeuta é que decidem tais questões. O grupo é livre para escolher seus próprios objetivos e direções, sempre pautados nos pressupostos de respeito à liberdade, à individualidade e à expressão livre de afetividade.

COPPE (1998) comenta o desenvolvimento das etapas do processo grupal, tal como é relatado por ROGERS (1970) e que resumimos a seguir:

- *Fase de hesitação (andar à volta): o grupo fica esperando as "regras" – como se comportar, o que falar; ocorre uma comunicação superficial – piadas, casos,...*

- *Resistência à expressão ou exploração pessoais: é o receio de se revelar: "posso revelar algo tão íntimo que tenho medo do que os outros vão pensar de mim."..*
- *Descrição de sentimentos passados: em vez de se expressar sentimentos do aqui e do agora...*
- *Expressão de sentimentos negativos: quando surgem os primeiros sentimentos, frequentemente os mesmos são negativos e dirigidos a um outro membro do grupo...*
- *Expressão e exploração de material com significado pessoal: se o grupo passou pela etapa anterior sem se desintegrar e o clima de confiança se fortaleceu, então as pessoas começam a ser elas mesmas...*
- *O desenvolvimento de uma capacidade terapêutica no grupo: na medida em que o vínculo entre os participantes se estreita, floresce a capacidade natural e espontânea de ajuda entre os membros...*
- *Aceitação do eu e começo da mudança: a partir do momento em que as pessoas começam a se aceitar tal como são e se mostram, um processo se põe em andamento, surgindo daí um ser novo, singular e mais pleno...*
- *O estalar das fachadas: caso alguns membros ainda não tenham se colocado, será provocada uma certa impaciência nas defesas...*
- *O indivíduo é objeto de reação (feedback) por parte dos outros: a colocação de uma pessoa permite ao outro reagir, de forma que tal reação contribui para a tomada de consciência da primeira...*
- *Confrontação: às vezes ocorre um confronto de um indivíduo com outro, que se dá diretamente e em igualdade. Esse tipo de confronto pode ser positivo ou negativo, em função da carga emocional expressa...*

- *Relações de ajuda fora do grupo: além do que foi comentado acima acerca do desenvolvimento de uma capacidade terapêutica no grupo... após o término do grupo, algumas pessoas continuam se relacionando...*
- *O encontro básico: este é um dos aspectos mais significativos do processo, pois reflete o sentido buberiano do encontro que é EU e TU, ou seja, um momento intenso, transcendente, em que a comunhão ontológica é experienciada...*
- *Expressão de sentimentos positivos e intimidade: caso os sentimentos expressos forem aceitos na relação, isso resultará em intimidade e mais sentimentos positivos...*
- *Mudanças de comportamento no grupo: quando o grupo vai caminhando para o final, é possível observar muitas mudanças: desde o tom de voz até a expressão espontânea do afeto...*

(COPPE, 1998, p. 46–47)

Há consequências positivas na experiência de grupo, que suplantam deveras as negativas. FADIMAN e FRAGER (1979) relatam algumas dessas experiências de crescimento:

a) Cada vez que o grupo demonstra afetuosamente que aceita e tolera sentimentos negativos sem rejeitar a pessoa que os expõe, os *membros do grupo tornam-se mais confiantes e abertos, uns com os outros.* (p.245)

b) Um número significativo de pessoas relata suas experiências de aceitação nos grupos como sendo as *mais positivas e empáticas de suas vidas.* (p.245)

c) A experiência de grupo leva uma pessoa a tomar consciência de novos aspectos de si mesmo e de sua vida.

Esta aceitação e tomada de consciência de si é, para Rogers, o começo da subsequente mudança de comportamento. (p. 245)

COPPE (1998) apresenta de maneira muito sensível, à propósito da experiência de grupo, relatando a contribuição poética de uma das participantes de sua pesquisa sobre *Grupos de encontro: uma abordagem experimental* – de nome Maria Luiza –, como segue:

> *Fazer grupo é...*
> *Encontrarmo-nos mergulhados em tanto sofrimento e descobrir que ainda se tem muito para doar.*
> *Trocarmos experiências doloridas que embora na mais profunda singularidade, encontram semelhanças na dor do outro.*
> *Encorajar-nos a abrir o coração, já tão amedrontado e deixar sair o que se tem de mais reservado.*
> *Conseguir crescer, descobrir que se tem forças para erguer-se.*
> *Encontrar pessoas capazes de nos estender as mãos, os corações e até mesmo os próprios corpos para nos ajudar a alçar vôo,*
> *Olhar para os rostos frágeis, de olhares vermelhos banhados de sal e entender que todos somos pessoas em busca de afeto, de compreensão, de ajuda, de aceitação.*
> *É descobrir-se possível, saber-se capaz, aceitar-se humanamente pessoa. (COPPE, 1998, p.52)*

Finalmente, ao relacionar a experiência dos grupos de encontro no contexto existencial, GREENING (1975) afirma:

> *Um grupo de encontro fornece, acima de tudo, uma situação em que as pessoas se reuniram na esperança de corroborar sua crença em que podem ambicionar dignidade e valor umas para as outras, e interatuar de tal modo que se desenvolva o potencial de cada participante. O ser individual é descoberto e criado através da interação com o grupo. (p. 108)*

18

Ludoterapia centrada na criança

A ludoterapia é uma técnica de psicoterapia para crianças e que visa à comunicação com o mundo interior das mesmas por meio de práticas lúdicas ou de brinquedo. Nesse sentido, a criança representa o conteúdo de seu psiquismo, muitas vezes, impedido de manifestar-se por conta de processos defensivos pessoais ou ambientais. É, também, uma forma da criança expandir seu potencial humano, pleno de criatividade, imaginação, emotividade e inteligência, bem como, seus sentimentos mais escondidos de culpa, medos ou raivas e rancores.

> *A comunicação entre crianças e terapeuta não pode seguir pelos caminhos que segue uma conversa de adultos, simplesmente por não ser assim o modo de comunicação de uma criança. Ela não sabe ter uma conversa de adultos porque não domina o instrumental linguístico da mesma forma. A interação puramente verbal e abstrata não vai longe. O meio de comunicação mais viável, no caso, é o lúdico, isto é, o brincar... é dessa forma que a criança se expressa, e se essa expressão for aceita e compreendida, instaura-se um diálogo lúdico terapêutico, que é propiciador de uma aproximação dos sentimentos, do mundo vivido. E é nesse mundo vivido que estão as fontes de desenvolvimento. Tudo isso pode acontecer independentemente de formulações intelectualmente claras. O movimento se dá no plano do vivido. (AMATUZZI, 2010, P.72)*

A técnica da ludoterapia aqui apresentada está baseada na teoria e na prática da Terapia Centrada na Pessoa, de C.R. Rogers, que, à propósito do tema faz a seguinte afirmação:

> *... pode dizer-se que um tratamento terapêutico fundamental assente na capacidade do paciente em fazer um uso construtivo de si mesmo parece ser aplicável às crianças. Esse desafio é particularmente sentido neste campo, pois considera-se que as crianças estão, mais do que os adultos, à mercê do seu ambiente. Apesar disso, verifica-se as crianças têm muito mais capacidade para lidar consigo mesmas e com as suas relações interpessoais do que habitualmente se lhes atribui. Uma relação em que a criança se possa sentir autenticamente aceite e respeitada, apesar dos seus erros, parece ajudar essa capacidade latente a manifestar-se. (ROGERS, 1975 a, p. 72)*

Tal abordagem de terapia com crianças foi sistematizada por Virgínia M. Axline que, em sua obra apresenta oito proposições que regem os procedimentos necessários para a prática da terapia e que visam obter resultados satisfatórios no desenvolvimento da criança. São eles (AXLINE, 1972, p. 67):

> *1. O terapeuta deve desenvolver um amistoso e cálido relacionamento com a criança, de forma que logo se estabelece o 'rapport.*

O terapeuta estabelece o contato com a criança por meio de uma atitude acolhedora e simpática. É envolvente e carinhoso, respeitando sempre os limites ditados naturalmente pela criança.

> *2. O terapeuta aceita a criança exatamente como ela é.*

As atitudes do terapeuta demonstram calma e paciência frente ao comportamento da criança. Respeita sua individualidade e permite que seja autêntica em suas manifestações. Evita críticas e reprimendas, diretas ou indiretas, bem como, elogios desnecessários.

> *3. O terapeuta estabelece uma sensação de permissividade no relacionamento, de tal modo que a criança se sinta completamente livre para expressar seus sentimentos.*

O tempo e o espaço da atividade lúdica são inteiramente da criança; ela decide o que e quando fazer alguma coisa. O terapeuta estará disponível e permissivo às escolhas das crianças.

> *4. O terapeuta está sempre alerta para identificar os sentimentos que a criança está expressando e para refleti-los para ela, de tal forma que ela adquira conhecimento sobre seu comportamento.*

Na dinâmica do relacionamento com a criança, o terapeuta estará sensível às manifestações que traduzem seus sentimentos, por meio da conversação e do brinquedo. O terapeuta reconhece os sentimentos da criança, valoriza-os e, sempre com o cuidado de não interpretá-los à luz de quaisquer referencias teóricas sobre sua personalidade. O jogo da criança deve ser apreciado da maneira livre e autêntica de como se manifesta.

> *5. O terapeuta mantém profundo respeito pela capacidade da criança em resolver seus próprios problemas, dando-lhe oportunidade para isto. A responsabilidade de escolher e de fazer mudanças é deixada a criança.*

O respeito à autonomia da criança é o princípio fundamental das atitudes do terapeuta. Ele coloca nas mãos da criança a decisão de escolher o que quer ou não fazer, ou dizer, etc. A mudança de comportamento deverá vir de dentro da criança e não de controles, imposições ou manipulações ambientais. Isso é o que significa centralizar a terapia no cliente.

6. O terapeuta não tenta dirigir as ações ou conversas da criança de forma alguma. Ela indica o caminho e o terapeuta a segue.

O terapeuta não questiona a criança com perguntas inconvenientes ou indiscretas. Pode, isso sim, propor casualmente: *Você quer falar nisso?*, deixando a criança à vontade para continuar ou não. O terapeuta, também, evita fazer sugestões, dirigindo as iniciativas da criança.

7. O terapeuta não tenta abreviar a duração da terapia. O processo é gradativo e assim deve ser reconhecido por ele.

O tempo do terapeuta é diferente do tempo da criança. Ela não pode ser apressada a viver suas experiências fora de seu próprio ritmo. Respeitar o ritmo e o tempo da criança na atividade lúdica será altamente produtivo quanto aos resultados da terapia.

O terapeuta estabelece somente as limitações necessárias para fundamentar a terapia no mundo da realidade e fazer a criança consciente de sua responsabilidade no relacionamento.

O terapeuta deverá colocar os limites necessários, tão somente, para garantir a integridade física da criança, quando a mesma se expõe aos perigos do ambiente, como se ela escolhe pendurar-se numa janela alta ou brincar com algum objeto que possa feri-la. Isso também se aplica quando a mesma se propõe a destruir irremediavelmente um certo brinquedo disponível.

Todas essas proposições estão apoiadas sobre os pilares que norteiam as atitudes básicas do terapeuta Centrado na Pessoa, em suas relações com o cliente que busca ajuda psicológica. Tais atitudes *necessárias e suficientes* da terapia são: a congruência ou autenticidade do terapeuta; a aceitação e valorização incondicionais do cliente e a compreensão empática do quadro de referência interno do mesmo.

AXLINE (1973) relata um processo de ludoterapia, que se tornou um clássico da literatura psicológica, nesta área, em seu livro *DIBS - em busca de si mesmo*. Tal experiência é relatada gradualmente, passo-a-passo, tendo como sujeito o menino DIBS, uma criança de 5 anos de idade, em meio à graves conflitos pessoais em família, caracterizados por rejeição parental, controle excessivo e manifesta pobreza de amor nas relações com os pais.

Entretanto, apesar das difíceis relações parentais, a criança revela de forma acentuada a disposição sempre presente em todo o ser humano para alcançar a realização de suas potencialidades ou poderes inatos: inteligência, criatividade, afetividade, imaginação e liberdade para escolher seu próprio caminho. DIBS tinha dentro de si o impulso em direção ao crescimento, à manutenção e à saúde psicológica. Era, tão somente, necessário que existisse um ambiente de relações propício para sua autorrealização. O processo de ludoterapia permitiu isso: a aceitação e valorização incondicionais e a compreensão empática que *Miss A*, a ludoterapeuta responsável pelo processo, ofereceu autenticamente à criança, fez com que o resultado fosse bem sucedido. Miss A confiou verdadeiramente no potencial da criança, a respeitou em todos os momentos e, finalmente, quando DIBS percebeu-se amado e respeitado em sua liberdade, autonomia e modo peculiar de ser ele mesmo, libertou-se das defesas inconscientes e revelou-se como um ser humano pleno e feliz.

É significativo perceber a impressão que a própria terapeuta revela desse processo, já na fase final da terapia, como segue:

> *Dibs havia chegado a um acordo consigo mesmo. Com sua simbólica representação fizera transbordar sua dor, seus sentimentos feridos, dela emergindo fortificado e seguro... Os sentimentos de hostilidade e vingança que expressara contra seu pai, mãe e irmã ainda chamejavam um pouco, mas não queimavam com ódio ou medo. Ele trocara o pequeno, imaturo, amedrontado Dibs por um autoconceito fortalecido pelos sentimentos de capacidade, segurança e coragem. Aprendera a entender seus sentimentos, a enfrentá-los e controlá-los. Já não estava submerso em seus sentimentos de medo e raiva, ódio e culpa. Havia se tornado uma pessoa com todos os seus direitos. Encontrara um senso de dignidade e respeito próprio. Com essa confiança e segurança estaria apto a aceitar e respeitar outras pessoas em seu mundo. Já não tinha medo de ser ele mesmo. (AXLINE, 1973, p. 180)*

Finalmente, a leitura atenta do livro *DIBS. – em busca de si mesmo*, desperta nossa consciência para compreender como é a vida de uma criança fechada em si mesmo, carente de amor, triste e defensiva. A experiência relatada revela sua importância para o trabalho dos profissionais da educação, principalmente infantil, da saúde, da psicologia, enfim, para todos os campos em que existam pessoas que exerçam profissões em relação à crianças e adolescentes e, que tem o dever de orientá-las e ajudá-las a encontrar seus caminhos. É importante, também, para pais e cuidadores que, muitas vezes, inflexíveis e autoritários, não se apercebem que é por meio de buscas e descobertas, de erros e acertos, que as crianças, problemáticas ou bem resolvidas, vão se descobrindo e definindo seu próprio projeto existencial.

19

Aconselhamento psicológico

O aconselhamento psicológico é um processo que se qualifica por meio de um relacionamento interpessoal e profissional entre um conselheiro e um cliente. Tal encontro destina-se a ajudar uma pessoa a compreender e clarear sua realidade pessoal, para que possa fazer melhores e produtivas escolhas existenciais. Assim, o aconselhamento encaminha-se no sentido de estimular o cliente na busca de seu autoconhecimento como instrumento de crescimento e emancipação.

SCHEEFFER (1976) conceitua o aconselhamento como ação educativa, preventiva, de apoio, voltada para a solução de problemas. Esse processo trabalha com material consciente e dá ênfase à normalidade. Seu objetivo é facilitar à pessoa obter um sentido de realização adequado e promover o desenvolvimento através de escolhas acertadas.

No processo de aconselhamento trabalha-se com a problemática que a pessoa expõe, acolhendo sua experiência em determinada situação. MAHFOUD (1987) comenta:

> *Esta característica de enfocar a experiência da pessoa por seu próprio referencial está ligada a uma outra, que se à possibi-*

lidade de responder à pessoa que coloca sua demanda, já no momento presente, no aqui-agora da situação do encontro. (p.76)

Dessa forma, o aconselhamento psicológico tem a finalidade de facilitar ao cliente uma visão mais clara de si mesmo e de sua perspectiva ante a problemática que vive.

No sentido de estabelecer uma diferenciação entre o aconselhamento psicológico, também chamado de *aconselhamento terapêutico* por FORGHIERI(2007), os autores STEFFLER e GRANT (1979) esclarecem que cabe ao conselheiro preocupar-se, principalmente, com os objetivos *reeducativos* e de apoio, enquanto, ao psicoterapeuta cabe empreender sua maior atenção com os objetivos que os autores chamam de *reconstrutivos*. Afirma, dessa forma:

> *Em resumo, os objetivos da psicoterapia geralmente envolvem uma alteração bastante completa da estrutura básica do caráter. Os objetivos do aconselhamento são mais limitados, mais dedicados ao auxílio do crescimento, mais ligados à situação imediata, mais preocupados em auxiliar o indivíduo a agir adequadamente em papéis apropriados. (STEFFLER e GRANT, 1977, p. 19)*

O conselheiro, portanto, é o profissional que possui formação psicológica adequada, com competências, habilidades e recursos atitudinais, além, de flexibilidade suficiente para propor alternativas de ajuda, que se completam com orientação ou encaminhamento eventual para psicoterapia, de acordo com as demandas pessoais de seu cliente.

Muitas vezes, o aconselhamento psicológico pode ser identificado com algumas formas de psicoterapias breves ou focais. Neste sentido, SCHMIDT (1987) esclarece oportunamente:

> *Às psicoterapias breves corresponde uma maneira específica de delimitar e lidar com o tempo do atendimento psicológico. Esta maneira de lidar com o tempo implica, muitas vezes, na adoção de estratégias que exigem do terapeuta um papel mais ativo, diretivo,...*
>
> *A delimitação de um certo número de sessões ou de um determinado prazo para o atendimento pode ser uma necessidade ou opção do Aconselhamento Psicológico centrado na pessoa, especialmente quando praticado em instituições. Nestes casos, no entanto, a atitude do conselheiro não muda: a direção e a configuração do processo continuam pertencendo ao cliente. (1987, p. 18-19)*

Um aspecto importante a ser considerado é o fato de que a arte do aconselhamento de caráter não psicológico pode ser praticado por outros profissionais que atuam em áreas que lidam com seres humanos, tais como, pedagogos; assistentes sociais; religiosos, como padres, pastores, etc; professores; enfermeiros; médicos; entre outros.

FORGHIERI (2007), com muita propriedade, acrescenta:

> *De modo geral, qualquer indivíduo que se encontre diante de uma pessoa e perceba que ela se encontra vivenciando intenso sofrimento tem condições e, de certo modo, até a responsabilidade de lhe prestar os "primeiros socorros", para tentar evitar que ela se afogue no perigoso "mar" de seus intensos sofrimentos. Isso pode acontecer nos mais variados ambientes e não apenas nos consultórios... numerosas foram aquelas em que consegui prestar os "primeiros socorros" existenciais fora de meu ambiente profissional, nos aeroportos, supermercados, reuniões sociais, no parque onde costumo caminhar. Ou nos corredores das universidades onde tenho trabalhado, em seus pátios, ou em meu carro quando chego ou me preparo para ir embora. (FORGHIERI, 2007, p. 141)*

Nessa prática, o conselheiro atua como agente de apoio e orientação, geralmente, no âmbito de uma área específica e institucional, como: escola, empresa, consultório médico, comunidade religiosa, etc. Entretanto, o aconselhamento psicológico ou terapêutico no Brasil é uma função específica dos psicólogos, de acordo com a legislação baseada na Lei Federal nº. 4119, que regulamenta a profissão de psicólogo.

SCHMIDT (1987), sugere adotar a designação *psicólogo-conselheiro* para identificar o profissional que se propõe a exercer a ajuda psicológica por meio do aconselhamento. A autora afirma:

> *Nesta perspectiva, o Aconselhamento Psicológico se nos apresenta como modelo clínico (mais amplo que o psicoterápico), aplicável em diferentes situações institucionais. A prática de Aconselhamento Psicológico, assim concebida, sugere uma modificação da visão do psicólogo clínico, reorientando seus recursos pessoais, teóricos e técnicas no sentido de criar espaços de maior continência para as diferentes demandas de ajuda psicológica. (SCHMIDT, 1987, p. 23)*

O aconselhamento psicológico que tratamos no presente texto baseia-se no referencial teórico-prático da Abordagem Centrada na Pessoa, de C. R. Rogers. Nessa perspectiva, o aconselhamento é um método de ajuda psicológica que tem a finalidade de levar a pessoa que busca ajuda - o cliente - a mobilizar suas próprias condições de crescimento e autorrealização, *habilitando-o a perceber, sem distorções, a realidade que o cerca e a agir nessa realidade, de forma a alcançar ampla satisfação pessoal e social* (SANTOS, 1982, p. 7)

Como vimos anteriormente, nos dados biográficos de Rogers, o autor iniciou sua vida profissional no *Cen-*

tro de Orientação Infantil, em Rochester, N.Y., onde permaneceu por doze anos e publicou sua obra *The Clínical Treatment of The Problem Child*, em 1939. Sua atividade era fazer psicodiagnóstico e entrevistas de aconselhamento. Seu foco, na época, objetivava o problema psicológico em si, o quadro clínico e o instrumental avaliativo. Foi a partir dessa experiência em Rochester que Rogers começou a desenvolver suas teses próprias, antagônicas àquelas até então praticadas. Como esclarece SCHMIDT (1987):

> *Rogers começa a desenvolver suas ideias inovadoras. Questionando-as, ele vai aos poucos invertendo os focos: do problema para a pessoa do cliente; do instrumental de avaliação para a relação cliente-conselheiro; do resultado para o processo. (SCHMIDT, 1987, p. 16)*

E, entre suas ideias inovadoras, está aquela que afirma: para que o atendimento psicológico ocorra de forma satisfatória será preciso que a relação entre o cliente e o conselheiro esteja fundamentada na ação de ajuda mútua, em ambiente afetivamente acolhedor.

> *Ficou bem claro, pela nossa experiência clínica bem como pela investigação, que quando o conselheiro apreende e aceita o paciente como ele é, quando põe de lado toda a apreciação e penetra no quadro de referência perceptivo do paciente, torna-o livre para uma nova exploração da sua vida e da sua experiência, torna-o livre para apreender, nessa experiência, novos significados e novos objetivos. (ROGERS, 1975 a, p. 61)*

Para consolidar essa ação de ajuda psicológica em ambiente favorável às mudanças produtivas na direção do crescimento pessoal do cliente, de sua autonomia, da confiança em si mesmo e no mundo, enfim, da autorrealização, torna-se essencial que o conselheiro reúna em si, um conjunto de atitudes básicas que venham caracterizá-lo como um terapeuta-centrado-na-pessoa. Tais atitudes, *necessárias e suficientes* da terapia e do aconselhamento, segundo Rogers, expressam-se na congruência ou autenticidade do terapeuta e conselheiro; na aceitação e valorização positivas e incondicionais do cliente e na compreensão empática e precisa do quadro de referência interno do cliente. MORATO(1987) afirma:

> *Na realidade, penso que Rogers propõe que o conselheiro disponha-se fenomenologicamente ante o ser humano, respeitando e compreendendo verdadeiramente, com convicção, o significado e a vivência da realidade para o outro. Admitindo para si mesmo a verdade da tendência atualizadora, do significado do experienciar, o conselheiro naturalmente estará propiciando um clima facilitador. (MORATO, 1987, p. 40)*

Além da importância do arcabouço teórico em psicologia, como citou CAMARGO (1987):

> *A teoria é necessária e útil para que o futuro conselheiro possa se localizar dentro de um sistema de referências, avaliar o que está fazendo e refletir constantemente sobre o que pretende fazer. (CAMARGO, 1987, p. 53)*

e da prática *sem a qual se correria o risco de falar sobre relação de ajuda sem vivenciá-la* (p. 53), a autora refere-se, também, a um outro fator importante na formação do psicólogo-conselheiro: o seu próprio crescimento pessoal. O psicoterapeuta, tão bem quanto o conselheiro, tem em si mesmo, em sua personalidade, o principal instrumento de seu trabalho. Nesse sentido, é importante que cuide de seu aperfeiçoamento como ser humano, que reconheça suas virtudes pessoais, suas limitações, suas defesas, enfim, como lida com os próprios sentimentos e comportamentos.

> *Se não tiver um bom conhecimento de si, de suas incoerências, de seus medos e inseguranças, não poderá estar disponível para perceber seu mundo e o do seu cliente. (CAMARGO, 1987, p. 58)*

Esse aperfeiçoamento pessoal do psicoterapeuta e do conselheiro inclui, inevitavelmente, sua conduta ética. A formação ética humanista enfatiza o respeito à individualidade do ser humano, à sua vocação para a liberdade e ao seu caráter de dignidade. O respeito ao direito de cada pessoa ser o que é, de fazer suas escolhas, de assumir a responsabilidade por elas, de amar e de ser amado, correspondem aos valores fundamentais da existência. ROSENBERG (1987) afirma:

> *A conduta ética e condizente do psicólogo conselheiro é, mais uma vez, vista como resultante de sua postura pessoal básica e, além disto, como decorrência de uma reflexão informada sobre os seres humanos e seus modos de interagir. (ROSENBERG, 1987, p. 88)*

REFERÊNCIAS

ABBAGNANO, N. *Dicionário de Filosofia*. Tradução de A. Bosi. São Paulo: Mestre Jou, 1970.

ABREU, C. N. e Roso, M. *Psicoterapias Cognitiva e Construtivista*. Porto Alegre: Artmed, 2003.

ALMEIDA, W. C. de *Formas do Encontro*. São Paulo: Ágora, 1988.

AMATUZZI, M. M. *Rogers*: Ética Humanista e Psicoterapia. São Paulo: Alínea, 2010.

ARGYLE, M. Bodily communication, 2ª. Ed., N. York: Methuen & Co., 1988. In: ABREU, C.N. e ROSO, M. *Psicoterapias Cognitiva e Construtivista*. Porto Alegre: Artmed, 2003, p. 275-286.

AXLINE, V. M. *Ludoterapia*. Tradução de A. M.V.Machado Coelho. Belo Horizonte: Interlivros, 1972.

________ *DIBS: em busca de si mesmo*. Tradução de C.S. Linhares. São Paulo: Círculo do Livro, 1973.

BARRET-LENNARD, G. T. "The phases and focus of empathy". The British Psychological Society, p.3-13, 1993. In: ABREU, C.N. e ROSO, M. *Psicoterapias Cognitiva e Construtivista*. Porto Alegre: Artmed, 2003, p. 275-286.

BRUGGER, W. *Dicionário de Filosofia*.Tradução de A.P. Carvalho. São Paulo: Herder, 1969.

BUBER, M. *Yo y Tú*. Traducción de H.Crespo. Buenos Aires: Nueva Visión, 1969.

BÜHLER, C. Psicologia Existencial e Humanista: Respostas e Desafios. In: GREENING, T. C. *Psicologia Existencial*

-*Humanista*. Tradução de E. de Almeida. Rio de Janeiro: Zahar, 1975, p. 44-45.

BURLESON, B. R. "The production of comforting messages social cognitive foundations". Journal of Language and Social Psychology, V.4, p.253-273, 1985. In: ABREU, CN. E ROSO, M. *Psicoterapias Cognitiva e Construtivista*. Porto Alegre: Artmed, 2003, p. 275-286.

CAMARGO, I. A formação do conselheiro. In: Rosenberg, R.L. (org.) *Aconselhamento Psicológico Centrado na Pessoa*. São Paulo: EPU - Edit. Pedagógica e Universitária, 1987.

CASSIANO, N. "Oração ao Encontro - o encontro terapêutico". In: Klinica. Revista do Curso de Psicologia da Faculdade de Filosofia, Ciências e Letras de Itatiba. Ano 6, nº. 11 (julho de 1979), p.63-65.

COPPE, A. A. F. Grupos de Encontro: uma abordagem experiencial. Cadernos de Psicologia, Belo Horizonte, v.5, n$_o$. 6 (abril de 1998), p.44-52.

EGAN, G. The skilled helper: a problem management approach to helping. 5a. ed. Pacic Grove: Brooks/Cole, 1994. In: ABREU, C.N. E ROSO, M. *Psicoterapias Cognitiva* e *Construtivista*. Porto Alegre: Artmed, 2003 p. 275-286.

ERTHAL, T. C. S. *Terapia vivencial*. Petropolis: Vozes, 1990.

FADIMAN, J. E FRAGER, R. *Teorias da Personalidade*. Tradução de C. P. Sampaio e S. Sofdié. São Paulo: Harper & Row do Brasil, 1979.

FERREIRA, A. B. H. *Novo Dicionário Aurélio da Língua Portuguesa*. São Paulo: Nova Fronteira, 1975.

FIEDLER, A. J.C. B.do P. Estudo Sistemático da Motivação Humana na obra de C. R. Rogers. In: La Puente, M. de *Tendências Contemporâneas em Psicologia da Motivação*. São Paulo: Cortez, 1982.

________ "O conceito de *tendência à realização* (actualizing tendency) como parte essencial do constructo Motivação na obra de C.R.Rogers". In: *REVISTA EDUCAÇÃO da Universidade Guarulhos*, SP, Vol. 6, nº. 1 (2012).

FORGHIERI, Y.C. *Psicologia Fenomenológica*. São Paulo: Pioneira, 2004.

________ *Aconselhamento Terapêutico*: origens, fundamentos e práticas. São Paulo: Thonson Learning, 2007.

FRICK, W.B. *Psicologia Humanista*. Trad. de E.D.Almeida. Rio de Janeiro: Zahar, 1975.

FROMM, E. *A arte de amar*. Tradução de M. Amado. Belo Horizonte: Itatiaia, 1966.

________ *Análise do Homem*. Tradução de O.A.Velho. Rio de Janeiro: Zahar, 1983.

________ *Medo à Liberdade*. Tradução de O.A.Velho. Guanabara Kogan, 1983.

GENDLIN, E. T. *Experiencing and the creation of meaning*. N. York: The free Press of Glencoe, 1962.

GREENING, T. C. *Psicologia Existencial-Humanista*.Tradução de E. de Almeida. Rio de Janeiro: Zahar, 1975.

HALL, C. S. E LINDSEY, G. *Teorias da personalidade*. Tradução de L. Bretones e A.M. Queiroz, São Paulo: Herder e USP, 1972.

HEIDEGGER, M. *Sobre o Humanismo*. Tradução de E. C. Leão. Rio de Janeiro: Tempo Brasileiro, 1967.

HOBBS, N. Psicoterapia Centrada no Grupo. In: ROGERS, C.R. *Terapia Centrada no paciente*. Tradução de M. J. C. Ferreira. São Paulo: Livraria Martins Fontes, 1975.

JORDÃO, M.P. Reflexões de um terapeuta sobre as atitudes básicas na relação terapeuta-cliente. In : ROSENBERG,

R.L. *Aconselhamento Psicológico Centrado na Pessoa.* São Paulo : EPU, 1987.

KINGET, G. M. O método não diretivo. In: ROGERS, C.R. E KINGET, M. *Psicoterapia e Relações Humanas.* v. 1. Trad. de M.L. Bizzotto. Belo Horizonte: Interlivros, 1975 b.

LA PUENTE, M. de *Carl Rogers: de La Psychothérapie* à l'Enseignment. Paris: EPI Editeurs, 1970.

MADSEN, K. B. *Modern theories of motivation.* N.York: John Wiley & Sons, 1974.

MAHFOUD, M. A vivência de um desafio: plantão psicológico. In: Rosenberg, R.L. *Aconselhamento Centrado na pessoa.* São Paulo: EPU - Edit. Pedagógica e Universitária, 1987.

MAHONEY, A. A. *Análise Lógico-Formal da Teoria de Aprendizagem de Carl R.Rogers* 1976, 107 f. Tese de Doutorado em Educação, PUCSP, São Paulo, 1976.

MARTINS, J. O Existencialismo de Kierkegaard. In: MARTINS, J. E BICUDO, M. A. V. *Estudos sobre Existencialismo, Fenomenologia e educação..* São Paulo: Moraes, 1983.

MARQUET, P. B. *Rogers.* Paris: Universitaires, 1971.

MASLOW, A. H. Motivation and Personality. N. York: Harper & Row Publishers, 1954. In: MASLOW A.H. *Introdução à Psicologia do Ser.* Tradução de A.Cabral. Rio de Janeiro: Livraria Eldorado Tijuca, 1968.

_________ *Introdução à Psicologia do Ser.* Tradução de A. Cabral. Rio de Janeiro: Livraria Eldorado Tijuca, 1968.

_________ The farther reachers on human nature. N.York: Viking Press, 1971. In: PRETTO, S.N.P. *Educação Humanista.* São Paulo: Cortez e Moraes, 1978, Cap. 11-13.

MATSON, F. W. Teoria Humanista: A Terceira Revolução em Psicologia. In: GREENING, T.C. *Psicologia Existencial*

-*Humanista*. Tradução de E. de Almeida. Rio de Janeiro: Zahar, 1975 p. 78.

MERLEAU-PONTY, M. Fenomenologia da percepção. São Paulo: Freitas Bastos, 1971. In : FORGHIERI, Y. C. *Psicologia Fenomenológica*. São Paulo: Pioneira, 2004.

MORATO, H. T. P. Abordagem Centrada na Pessoa: Teoria ou Atitude na relação de ajuda?. In: ROSENBERG, R.L. (Org.). *Aconselhamento Psicológico Centrado na Pessoa*. São Paulo: EPU, 1987.

MORENO, J. L. *Psicodrama*. São Paulo Cultrix, 1975.

MOUNIER, E. *Qu'est-ce que Le Personalisme*? Paris: Éditions Du Sevil, 1946.

________ *Manisfesto ao serviço do Personalismo*. Tradução de A. R. Rosa. Lisboa: Livraria Morais Editora, 1967.

NOGARE, P. D. *Humanismos e Anti-Humanismos*. Petrópolis: Vozes, 1977.

OLSON, R. G. *Introdução ao Existencialismo*. São Paulo: Brasiliense, 1970.

PRETTO, S. N. P. *Educação Humanista*. São Paulo: Cortez e Moraes, 1978.

RIBEIRO, J. P. *Conceito de mundo e de Pessoa em Gestalt-terapia*. São Paulo: Summus, 2011.

RICH, J. M. *Bases Humanísticas da Educação*. Tradução de F.C. Ferro. Rio de Janeiro: Zahar, 1975.

ROGERS, C. R. The Atitude and Orientation of the Counselor in Client-Centered Therapy, *Journal of Consulting Psychology*, Chicago: University of Chicago Press, v. 13, (1949).

________ *Client-Centered therapy:* Its current practice, implication and theory. Boston: Mifflin Co., 1951.

________ Introduction. In:ROGERS, C. R. E DYMOND, R. F. *Psychotherapy and Personality change*. Chicago: University of Chicago Press, 1954.

________ A theory of therapy, personality and inter -personal relationship, as developed in the Client-Centered-Framework. In: KOCH, S.. *Psychology: A study of a science*. N.York: Macgraw-Hill Book Co., 1959.

________ The Actualizing Tendency in Relation to 'Motives' and to Consciousness. In: MARSHALL JONES (colab.). Nebraska Symposium on Motivation. Nebraska: University of Nebraska Press, 1963.

________ *Grupos de Encontro*. São Paulo: Martins Fontes, 1970.

________ *Tornar-se Pessoa*. Tradução de M.J.C.Ferreira. Lisboa: Moraes, 1970.

________ *Liberdade para Aprender*. Tradução de E.S. da Mata Machado e M.P. andrade. Belo Horizonte: Interlivros, 1971.

________ Duas tendências divergentes. In: May, R. *Psicologia Existencial*. Tradução de E.P.Xavier. Porto Alegre: Globo, 1974 a.

________ *Psicoterapia e Consulta psicológica*. Tradução de M. J. C. Ferreira. São Paulo: Livraria Martins Fontes, 1974 b.

________ *Terapia Centrada no Paciente*. Tradução de M.J.C. Ferreira. São Paulo: Livraria Martins Fontes, 1975 a.

________ E KINGET, G. M. *Psicoterapia e Relações Humanas*. Tradução de M.L. Bizzotto. Belo Horizonte: Interlivros, 1975 b.

________ Em busca de uma moderna perspectiva de valores: o processo valorizador na pessoa madura. In: RO-

GERS, C.R. E STEVENS, B. *De Pessoa para Pessoa*. Tradução de M.L.Moreira Leite. São Paulo: Livraria Pioneira Editora, 1976 a.

________ e STEVENS, B. *De Pessoa para Pessoa*. Tradução de M. L. Moreira Leite. São Paulo: Livraria Pioneira Editores, 1976 b.

________ A relação interpessoal: o núcleo da orientação. In: ROGERS, C.R. e STEVENS, B. *De Pessoa para Pessoa*. Tradução de M.L.Moreira Leite. São Paulo: Livraria Pioneira Editora, 1976 c.

________ e ROSENBERG, R.L. *A Pessoa como centro*. São Paulo: EPU e EDUSP, 1977.

________ *Sobre o poder pessoal*. Tradução de W. M. A. Penteado. São Paulo: Livraria Martins Fontes Editora, 1978.

ROSENBERG, R.L. Terapia para agora. In: ROGERS, C.R. e ROSENBERG, R.L. *A pessoa como centro*. São Paulo: EPU e EDUSP, 1977.

________ *Aconselhamento Psicológico Centrado Centrado na Pessoa*. São Paulo: EPU - Editora Pedagógica e Universitária, 1987.

SANTOS, O. B. *Aconselhamento Psicológico e Psicoterapia*. São Paulo: Pioneira, 1982.

SARTRE, J. P. *L'existencialisme est un humanisme*. Paris: Nagel, 1946.

SEVERINO, A. J. *A antropologia Personalista de Emmanuel Mounier*. São Paulo: Saraiva, 1974.

SCHEEFFER, R. *Estudos sobre aconselhamento psicológico*. Rio de Janeiro: ISOP - Instituto de Seleção e Orientação Profissional, Fundação Getúlio Vargas, 1976.

SCHMIDT, L.S. "Aconselhamento psicológico: questões introdutórias". In: ROSENBERG, R.L. (org.) *Aconselhamen-*

to Centrado na Pessoa. São Paulo: EPU-Editora Pedagógica e Universitária, 1987.

STEFFLRE B. E GRANT, W. H. *Teorias de Aconselhamento*. Tradução de E.M.B.da Rocha et al. São Paulo: McGraw-Hill do Brasil, 1979.

VIDOR, A. *Rogers e a Educação Não-Diretiva*. Passo Fundo: Berthier, 1974.

VON ZUBEN, N. A. *Martin Buber e a nostalgia de um mundo novo*. Disponível em: <http--www.fae.unicamp.br-vonzuben-nostalg.html>, Acesso em: 05 mai 2008.

WATSON, J. B. The ways of Behaviorism. N.York: Harper, 1926. In: GREENING, T. C. *Psicologia Existencial-Humanista*. Tradução de E. de Almeida. Rio de Janeiro:Zahar, 1975, p. 72.

WATSON, J. B. *Behaviorism*. Chicago: University of Chicago Press, 1958. In: GREENING, t.c. *Psicologia Existencial -Humanista*. Tradução de E.de Almeida. Rio de Janeiro: Zahar, 1975, p. 72-73

WEINER, B. *Theories of motivation: from mechanism to cognition*. Chicago: Rand McNally College Publ. Co., 1972.